Nikolaus Lenz

Allgemeinwissen für Schlauköpfe
Sport und Geschichte

Nikolaus Lenz wurde in Klausenburg (Siebenbürgen) geboren. Nach einer Lehre als Bankkaufmann studierte er Betriebswissenschaft sowie Technik- und Wissenschaftsgeschichte. Heute konzentriert er sich als freier Schriftsteller auf das Schreiben von Büchern für Kinder.

Nikolaus Lenz

Allgemeinwissen für Schlauköpfe

Sport und Geschichte

Mit Illustrationen von Charlotte Wagner

Ravensburger Buchverlag

Als Ravensburger Taschenbuch
Band 53111 erschienen 2009,
früher erschienen unter dem Titel
„Allgemeinwissen für Schlauköpfe" (RTB 53099).
Erstmalig in den Ravensburger
Taschenbüchern
erschienen 1999 als RTB 53066 unter dem Titel
„Wer weiß Bescheid?"

Die Originalausgabe erschien 1995
im Loewe Verlag, Bindlach
unter dem Titel
„Das Buch der 1000 Kinderfragen".
Bei der vorliegenden Ausgabe
handelt es sich um eine gekürzte Fassung.

© 1999 Ravensburger Buchverlag
Otto Maier GmbH

Umschlaggestaltung: Dirk Lieb
unter Verwendung einer Illustration
von Charlotte Wagner
Innenillustrationen: Charlotte Wagner

Printed in Germany

1 2 3 4 5   13 12 11 10 09

ISBN 978-3-473-53111-0

www.ravensburger.de

INHALT

Der menschliche Körper

Warum läuft bei Schnupfen die Nase?

Der Innenraum der Nase muss ständig feucht gehalten werden. Zuständig dafür ist die Schleimhaut, die eine zähe, schleimige Flüssigkeit erzeugt. Dieser Schleim schützt die Nasenhöhlen vor Staub und winzigen Krankheitserregern in der Luft. Wenn wir uns die Nase putzen, blasen wir die Mischung aus Schleim und Schmutz, den Rotz, ins Taschentuch. Bei einer Erkältung erzeugen die Schleimhäute besonders viel Schleim, die Nase läuft. Das ist unangenehm, aber eine wichtige Abwehrmaßnahme des Körpers. Im Schleim sind nämlich viele Stoffe enthalten, die Krankheitserreger abtöten.

Wozu haben wir die Tränen?

Wenn wir weinen, erzeugen kleine Drüsen oberhalb des Augapfels eine salzige Flüssigkeit – die Tränen quellen aus den Augen. Aber Tränen entstehen nicht nur, wenn wir traurig sind. Sie werden ständig erzeugt, solange wir wach sind. Sie haben wichtige Aufgaben zu erfüllen. Tränen bewirken, dass die empfindliche Hornhaut an der Oberfläche des Augapfels stets feucht bleibt und niemals austrocknet. Tränen „schmieren" sozusagen seine Oberfläche, sodass wir die Augenlider auf- und zuklappen können. Außerdem versorgen sie die Hornhaut mit Nährstoffen und schützen das Auge vor Bakterien.

Und wenn Staub und Schmutz ins Auge geraten, werden sie von den Tränen fortgespült.

Warum läuft beim Weinen auch die Nase?

Manchmal müssen Menschen so stark weinen, dass auch die Nase läuft. Man sagt, jemand heult „Rotz und Wasser". Dabei produzieren die Tränendrüsen so viele Tränen, dass die Flüssigkeit über die kleinen Tränenkanäle in das Innere der Nase abläuft und sich dort mit dem Nasenschleim vermischt.

An welchen Körperstellen sind Menschen vollkommen kahl?

Fast die ganze Oberfläche des Körpers ist mit Haaren oder winzigen, fast unsichtbaren Härchen bedeckt. Es gibt nur ganz wenige vollkommen kahle Stellen: die Handflächen, die Fußsohlen und die Lippen.

Warum haben nur Männer eine Glatze?

Kahlköpfe sind unter Frauen viel seltener als unter Männern. Das liegt an den Hormonen im Körper – Stoffen im Blut, die viele körperliche Funktionen regeln. Bei Männern und Frauen werden die Hormone in unterschiedlichen Mengenanteilen gebildet. Die typisch männlichen Hormone sind ver-

9

antwortlich dafür, dass die Haarwurzeln im Alter die Kraft verlieren, frische Haare zu erzeugen.

Woher kommt ein blauer Fleck?

Dicht unter der Haut liegen unzählige kleine blutgefüllte Adern. Man nennt sie die Blutgefäße. Dieses feine Netz kann platzen, wenn wir kräftig gegen einen harten Gegenstand stoßen. Dann fließt etwas Blut aus den Äderchen und sammelt sich unter der Haut. Das Blut kann man durch die Haut hindurch sehen: als rötlichen oder als blauen Fleck. Boxer, die einen heftigen Schlag abbekommen haben, bekommen ein „blaues Auge". Im Lauf der Zeit verfärbt sich die verletzte Stelle gelblich bis grünlich. Die Blutfarbstoffe im „blauen Fleck" werden abgebaut und verändern ihre Farbe.

Warum bekommt man eine Beule von einem Schlag auf den Kopf?

Unter der Kopfhaut befinden sich viele Blutgefäße. Ein heftiger Schlag oder Stoß kann Adern zum Platzen bringen, oder es entstehen kleine Lecks in den Blutgefäßen. Blutflüssigkeit ergießt sich in den Zwischenraum zwischen Knochen und Haut, der am Kopf besonders eng ist. Sie besteht zur einen Hälfte aus den Blutkörperchen und zur anderen aus einer wässrigen Flüssigkeit. Die Stelle schwillt an, und es bildet sich eine Beule.

10

Wieso müssen manche Menschen eine Brille tragen?

Das Auge funktioniert so ähnlich wie eine Kamera. Lichtstrahlen fallen in das Auge und werden von einer Linse, der Pupille, abgelenkt. Sie treffen nun auf die Netzhaut hinten im Augapfel, wo sie lichtempfindliche Nervenzellen reizen. Diese Information wird von Nerven in das Gehirn weitergeleitet, das daraus ein Bild gestaltet: Wir sehen etwas. Bei vielen Menschen hat die Linse im Auge aber nicht die richtige Krümmung. Die Lichtstrahlen treffen also nicht exakt auf die Netzhaut – die „Kamera" ist falsch eingestellt. Eine Brille kann diesen Sehfehler ausgleichen. Sie lenkt das Licht, das auf das Auge trifft, schon vorher etwas ab und hilft damit dem Auge, die Lichtstrahlen richtig zu bündeln und ein scharfes Bild zu erzeugen. Brillenträger mit richtig angepassten Gläsern sehen durchaus genauso gut wie Menschen mit scharfen Augen.

Warum sind die Pupillen bei hellem Licht kleiner?

Pupillen sind die dunklen Scheibchen mitten im Auge. Bei hellem Licht sind sie kleiner als in der Dämmerung. Das hat folgenden Grund: Durch die Pupille fällt das Licht in das Innere des Auges. Bei Helligkeit werden die Pupillen kleiner. Sie verengen sich, um weniger Licht ins Auge zu lassen und die Nervenzellen auf der Rückseite des Auges zu schonen.

11

Bei Dunkelheit braucht das Auge mehr Licht, um etwas zu sehen. Deshalb erweitern sich die Pupillen. Man kann das gut beobachten, wenn man bei schwachem Licht in einen Spiegel guckt. Schaltet man nun eine helle Lampe ein, kann man zusehen, wie die Pupille kleiner wird.

Warum haben Menschen zwei Augen?

Menschen, die auf einem Auge blind sind, können nicht so gut erkennen, welche Dinge hintereinander- und welche nebeneinanderliegen – dazu braucht man zwei Augen. Man nennt diese Fähigkeit das stereoskopische Sehen. Möglich wird es, weil die beiden Augen nebeneinanderliegen, sodass jedes Auge sein eigenes Bild aufnimmt, und zwar aus einem etwas anderen Winkel. Was das linke Auge abbildet, unterscheidet sich also ein wenig von dem, was das rechte Auge wahrnimmt. Im Gehirn werden die beiden Bilder dann zusammengemischt. Das Hirn errechnet aus ihnen ein gemeinsames Bild von dem, was wir sehen. Und nun passiert das Verblüffende: Wir sehen die Welt nicht flach wie auf einem Foto, sondern räumlich.

Wie kommt ein Geräusch in den Kopf?

12 Ein Ton entsteht, wenn die Luft zum Schwingen gebracht wird; Schall ist die Vibration der Luftteilchen. Diese Vibrationen pflanzen sich in der Luft so ähnlich fort wie Wellen

auf einer Wasseroberfläche. Die Ohrmuschel fängt den Schall auf und leitet ihn in das Innere des Gehörorgans weiter. Dort prallen die Luftteilchen auf das Trommelfell und versetzen es in Schwingungen (das Trommelfell ist ein kleines, straff gespanntes Stück Haut). Über ein kompliziertes System von kleinen Knöchelchen im Innenohr werden nun winzige Nervenzellen gereizt und der Schall wird in Nervenimpulse verwandelt. Diese erreichen schließlich das Gehirn und wir nehmen diese Abfolge als Klänge, Töne und Geräusche wahr.

Woher wissen wir, aus welcher Richtung ein Geräusch kommt?

Mit unseren beiden Ohren können wir die Richtung erkennen, aus der ein Klang oder ein Geräusch kommt, und dazu brauchen wir tatsächlich beide Ohren. Ein Ton entsteht, wenn irgendwo die Luft zum Schwingen gebracht wird: etwa durch ein Musikinstrument oder durch den Zusammenprall von Gegenständen oder dadurch, dass jemand spricht oder ruft. Der Schall breitet sich in der Luft aus und trifft auf die Ohren. Die beiden Ohren nehmen den Schall getrennt auf. Wenn der Schall von der Seite, zum Beispiel von links kommt, trifft er zuerst auf das linke Ohr und Sekundenbruchteile später auf das rechte Ohr. Das Gehörorgan in jedem Ohr leitet die Information über die Nerven sofort an das Gehirn weiter. Dort kommt das Signal zu verschiedenen Zeiten an. Das Gehirn erkennt diese winzigen Unterschiede

13

und errechnet daraus automatisch, aus welcher Richtung der
Schall kommt. Hätten wir nur ein Ohr, könnten wir ein Geräusch zwar wahrnehmen; wir wüssten aber nicht, aus welcher Richtung es kommt.

Warum können wir die Rufe der Fledermäuse nicht hören?

Menschen können längst nicht alle Töne hören, die es überhaupt gibt. Wenn die Luft zu langsam oder zu schnell vi-
briert, ist dieser Schall für uns unhörbar. Unser Gehörsinn
ist nicht dafür gebaut, besonders tiefe oder besonders hohe
Töne wahrzunehmen. Wir hören nur Schall, bei dem die
Luftteilchen schneller als 15-mal pro Sekunde und lang-sa-
mer als 20 000-mal pro Sekunde schwingen. Diese Grenze
nennt man Hörgrenze. Die Hörgrenze ist vom Alter und
Gesundheitszustand abhängig. Andere Lebewesen haben viel
höhere Hörgrenzen. Fledermäuse beispielsweise erzeugen so
hohe Töne, dass wir Menschen sie nicht wahrnehmen können. Aber Hunde können die Rufe von Fledermäusen hören.

Wozu haben wir Ohrmuscheln?

14 Die wichtigsten Gehörorgane liegen im Inneren des Ohres.
Die Ohrmuschel – das, was wir vom Ohr sehen können – ist
bloß eine Art Auffanggerät. Durch die muschelartige Form

der Ohrmuschel werden die Schallwellen gebündelt und ins Mittel- und Innenohr geleitet.

Welches Organ hilft uns, das Gleichgewicht zu halten?

Im Inneren des Ohres sitzt ein Organ, das uns hilft, das Gleichgewicht zu halten. Es besteht aus einem System von Röhrchen, in dem eine Flüssigkeit schwappt. Wenn wir den Kopf drehen, einen Purzelbaum schlagen oder schaukeln, verändert sich der Wasserstand. Diese Veränderung wird von Sinneszellen registriert. Sie leiten die Informationen in jedem Moment über Nervenleitungen an das Gehirn weiter. Wir spüren dann auch mit geschlossenen Augen, ob wir liegen, ob wir uns drehen oder schaukeln.

Warum wird uns beim Schaukeln manchmal übel?

Manchmal gerät der menschliche Gleichgewichtssinn durcheinander. Bei einer Schifffahrt mit hohem Seegang bekommt das Gehirn ständig andere und immer wieder neue Informationen darüber, in welcher Lage wir uns im Moment befinden. Etwas Ähnliches passiert, wenn wir lange oder zu hoch schaukeln. Diese ungewohnten Signale können nicht mehr richtig verarbeitet werden. Dann wird uns übel und wir müssen uns ruhig hinlegen. So kann sich der überforderte Gleichgewichtssinn wieder erholen.

15

Woher kommt das Ohrenschmalz?

Ohrenschmalz ist ein wachsartiges Fett, das von Drüsen im Ohr gebildet wird. Es hält die feine, empfindliche Haut im Inneren des Ohres geschmeidig. Im Lauf der Zeit vermischt sich altes Ohrenschmalz mit Staub und abgestorbenen Hautzellen. Manche Menschen haben sehr viel Ohrenschmalz. Es dringt nach außen zur Ohrmuschel und muss mit Wattestäbchen entfernt werden.

Warum knackt es im Ohr bei einer Zugfahrt durch den Tunnel?

Wenn ein Zug in einen Tunnel einfährt, verändert sich plötzlich der Luftdruck. Das spüren wir durch ein Knacken im Ohr und durch ein unangenehm dumpfes Gefühl. Wir haben die Empfindung, plötzlich schlechter zu hören. Das hat folgenden Grund: Zwischen dem Inneren des Ohres und der Ohrmuschel ist ein dünnes Häutchen gespannt – das Trommelfell. Solange der Luftdruck außen und innen gleich ist, drückt die Luft von beiden Seiten mit der gleichen Stärke gegen das Trommelfell. Bei der Einfahrt in den Tunnel schwankt der äußere Luftdruck; der Innendruck bleibt aber gleich. Dadurch krümmt sich das Trommelfell. Wir spüren das als dumpfen Druck oder als Knacken. Im Lauf der Zeit gleicht sich der Druckunterschied freilich wieder aus und wir hören wieder normal. Etwas Ähnliches passiert bei einer Fahrt mit der Seil-

bahn, denn auf dem Berg ist der Luftdruck geringer als unten im Tal. Bergsteiger haben damit allerdings keine Probleme. Sie steigen so langsam hoch, dass sie die Luftdruckveränderungen nicht spüren.

Sieht jemand, der farbenblind ist, die Welt nur in Schwarzweiß?

Farbenblindheit ist sehr häufig. Fünf von 100 Menschen haben Probleme, alle Farben in der gleichen Weise wahrzunehmen wie der Durchschnittsmensch. Meistens können sie die Farben Rot und Grün nur schwer auseinanderhalten. In solchen Fällen spricht man von einer Farbenfehlsichtigkeit. Merkwürdigerweise ist Farbenblindheit bei Männern zehnmal so häufig wie bei Frauen. Echte Farbenblindheit, bei der man die Welt tatsächlich nur in den Farben Schwarz, Weiß und Grau sieht, ist hingegen sehr selten. Auf 40 000 Menschen – das ist die Bevölkerung einer kleineren Stadt – kommt im Durchschnitt nur ein einziger Mensch, der total farbenblind ist.

Warum können Zähne Löcher bekommen?

Der Zahnschmelz auf der Oberfläche des Zahns ist das härteste Material, das der menschliche Körper erzeugen kann. Trotzdem können die Zähne Löcher bekommen. Nach den Mahlzeiten bleiben nämlich immer Essensreste in den Zwi-

17

schenräumen der Zähne hängen. Davon ernähren sich die Bakterien, die im Mund leben. Sie zersetzen die Speisereste. Dabei entstehen Säuren, die sogar den Zahnschmelz knacken können. Sobald erst mal ein kleines Loch vorhanden ist, ist der Weg frei. Die Bakterien können in das weichere Zahninnere eindringen. Der Zahn wird von innen her ausgehöhlt und man bekommt Karies.

Warum bohrt der Zahnarzt?

Sobald sich die Löcher bis in die Nähe der Nerven im Inneren des Zahns ausweiten, fangen die Zahnschmerzen an. Da kann nur noch der Zahnarzt helfen. Er bohrt die Löcher aus und verschließt sie mit einer Plombe. Wenn man nicht rechtzeitig zum Zahnarzt geht, werden die Löcher immer größer. Sie zerstören den Zahn und schließlich muss er mit der Wurzel gezogen werden.

Weshalb ist es wichtig, sich nach dem Essen die Zähne zu putzen?

Wer seine Zähne regelmäßig putzt, entfernt die Speisereste im Gebiss. Die im Mund lebenden Bakterien haben so viel weniger Nahrung und die Gefahr von Karies ist geringer. Besonders schädlich für die Zähne sind Süßigkeiten wie Bonbons und Schokolade. Der Zucker verwandelt sich durch die Arbeit der Bakterien nämlich besonders schnell in Säure.

Wo entsteht die Stimme?

Die menschliche Stimme entsteht tief im Hals. In der Kehle befindet sich eine steife Röhre, der Kehlkopf, in dem die Stimmbänder liegen. Das sind elastische Häutchen. Wenn wir atmen, liegen sie an den Innenwänden des Kehlkopfs an. Beim Sprechen, Singen oder Schreien atmen wir langsam aus und lassen dabei die Luft an den Stimmbändern vorbeistreichen. Der Luftstrom bringt die Stimmbänder zum schnellen Schwingen. Die Vibration erzeugt den Schall.

Weshalb brauchen wir zum Sprechen Luft?

An den Stimmbändern muss Luft vorbeistreichen, damit Töne entstehen können. Beim Sprechen müssen wir also ausatmen. Mit einiger Übung schafft man es auch, beim Einatmen zu sprechen; dann klingt die Stimme rau und merkwürdig verändert. Normalerweise atmen wir beim Sprechen durch Mund und Nase gleichzeitig aus. Die verschiedenen Laute werden in einem komplizierten Zusammenspiel von Zunge und Lippen gebildet. Bei diesem Vorgang dient die Nasenhöhle als eine Art Resonanzkasten. Wenn man sich die Nase zuhält, kann man zwar sprechen, doch die Stimme klingt fremd und dumpf. Bei geschlossenem Mund können wir gar keine verständlichen Laute hervorbringen. Wir können nur summen, aber nicht richtig sprechen oder wirklich singen. Und wenn man zugleich Nase und Mund zuhält,

19

kann man überhaupt keinen Ton hervorbringen – weil dann keine Luft mehr an den Stimmbändern vorbeiströmen kann.

Wieso klingt unsere Stimme auf Tonband so anders?

Oft ist es ein richtiger Schock, wenn man auf Tonband spricht und nachher seine eigene Stimme abhört. Sie klingt so fremd wie die Stimme eines anderen Menschen. Und tatsächlich klingen wir für andere Leute anders als für uns selbst. Die eigene Stimme hört man nämlich hauptsächlich von innen. Beim Sprechen und Singen klingen der Brustkasten und die Knochen im Kopf mit und übertragen einen Teil des Schalls direkt an das Gehörorgan. Ein anderer Teil des Schalls nimmt den Umweg über die Luft zum Ohr. Diese Klangmischung hört sich für uns selbst anders an als für einen Zuhörer. Ein Tonband nimmt aber die Stimme genau so auf, wie sie für die anderen klingt.

Wieso können wir mit hoher und mit tiefer Stimme sprechen?

Wir können die Stimmbänder so einstellen, dass sie mal straff und mal weniger straff gespannt sind. So kommen die unterschiedlich hohen Töne zustande. Der menschliche Kehlkopf ist ein wunderbares „Instrument", das die verschiedensten Töne erzeugt.

20

Was ist der Stimmbruch?

Wenn Jungen im Alter von etwa 13 bis 15 Jahren in die Pubertät kommen, wird auch der Kehlkopf rasch sehr viel größer. Er tritt ein Stück weiter hervor und ist nun von außen als kleiner Höcker unter dem Kinn sichtbar. Man nennt ihn den „Adamsapfel". Die Stimme wird tiefer. Eine Zeit lang schwankt die Stimme dann zwischen der hellen Kinderstimme und der tiefen Männerstimme. Das ist der Stimmbruch. Wenn Mädchen in die Pubertät kommen, ändert sich die Stimmlage weniger stark als bei Jungen, die zu Männern werden.

Was passiert, wenn wir uns beim Essen verschlucken?

Im Hals liegen zwei Röhren. Die Luftröhre führt vom Mund in die Lunge und lässt uns atmen. Hinter der Luftröhre liegt die Speiseröhre, durch die wir beim Schlucken das Essen vom Mund in den Magen befördern. Ein System von Klappen (Gaumensegel und Kehldeckel) sorgt dafür, dass der Speisebrei in die Speiseröhre befördert wird und nicht in die Luftröhre oder zurück in die Nase gelangt. Manchmal klappt das nicht ganz. Dann gerät ein Krümel in die Luftröhre und wir müssen furchtbar husten. Damit pusten wir den verirrten Krümel wieder hoch in den Mund. Ohne diesen Hustenreiz nach dem Verschlucken könnte die Luftröhre verstopfen.

21

Wozu brauchen wir das Zäpfchen im Gaumen?

Den rückwärtigen Teil des Gaumens nennt man den weichen Gaumen. Dort sitzt ein kleines Zäpfchen. Es ist Teil des Gaumensegels, jener Klappe, die verhindert, dass Essen in die Nase gerät. Gemeinsam mit dem Kehldeckel, der die Luftröhre beim Schlucken verschließt, trennt das Zäpfchen die Speiseröhre von den Luftwegen. Der Speisebrei muss nun die Speiseröhre hinunterrutschen und kann nicht in die Luftröhre gelangen. Beim Atmen wird das Gaumenzäpfchen eingezogen und der Kehldeckel geöffnet. Nun ist für die Luft der Weg von Mund und Nase hinunter in die Lunge frei.

Was passiert beim Husten und Niesen?

Das Röhrensystem, durch das die Luft von Mund und Nase hinunter in die Lunge und beim Ausatmen wieder zurückbefördert wird, nennt man die Atemwege. Sie bestehen aus der Rachenhöhle, Nasenhöhle, Luftröhre und anderen Organen. Es ist lebensnotwendig, dass sie immer frei und nicht verstopft sind. Sonst würde man ersticken. Beim Husten und beim Niesen pusten wir die Atemwege frei. Das funktioniert so: Im Inneren verschließen sich die Atemwege einen Augenblick lang. Von der Lunge her drückt Luft nach, sodass in den Atemwegen Überdruck wie in einem prall gefüllten Luftballon herrscht. Nun öffnen sich die Klappen plötzlich und die Luft kann sich explosionsartig ausdehnen. Dabei werden die

Atemwege durchgeputzt: beim Husten die Luftröhre und Teile der Lunge, beim Niesen der Nasenraum.

Wozu brauchen wir Knochen im Körper?

Knochen stützen den menschlichen Körper von innen und bilden das Gerüst, an dem die Muskeln mit ihren Sehnen befestigt sind. Außerdem schützen Knochen wie die Schädelknochen oder die Rippen die weichen inneren Organe wie das Gehirn, das Herz und die Lunge. Ohne Knochengerüst oder Skelett würde ein Mensch in sich zusammensinken wie ein schwerer, puddinggefüllter Sack, und er würde sich nicht bewegen können.

Wie viele Knochen hat der Mensch?

Der Körper eines Erwachsenen hat 206 Knochen, die fast alle durch Muskeln und Bänder miteinander verbunden sind. Der größte Knochen ist der Oberschenkelknochen, der kleinste sitzt im Ohr.

Haben alle Tiere Knochen?

Das innere Knochengerüst hat der Mensch mit den anderen Wirbeltieren gemeinsam. Das sind die Säugetiere, die Fische, die Vögel, die Kriechtiere und die Amphibien. Die Insekten hingegen haben kein Innenskelett. Bei ihnen sitzt außen ein

23

steifer Knochenpanzer, der die Tiere zusammenhält. Wieder andere Tiere haben überhaupt keine Knochen. Dazu gehören Weichtiere wie die Tintenfische und Schnecken.

Woher kommt das Magenknurren?

Wenn wir Nahrung verdauen, sind Magen und Darm sehr beschäftigt. Sie bewegen sich, ziehen sich zusammen und dehnen sich wieder aus. Dabei schieben sie den Nahrungsbrei durch das Verdauungssystem. Auch wenn Magen und Darm leer sind, ist das Verdauungssystem weiter am Werk. Aber da ist nur noch Luft in Magen und Darm, die herumgeschoben wird, und es grummelt im Bauch. Sobald wir wieder etwas essen, hört das Magenknurren auf.

Wie kommt es, dass verschiedene Sachen unterschiedlich schmecken?

Verschiedene Nahrungsmittel haben einen unterschiedlichen Geschmack, weil sie aus verschiedenen chemischen Substanzen aufgebaut sind. Den Geschmack nehmen wir hauptsächlich mit der Zunge wahr. Auf ihr liegen etwa 2 000 geschmacksempfindliche Zellen, die man Geschmacksknospen nennt. Sie sprechen auf die chemischen Stoffe an, die in den Speisen enthalten sind. Die winzigen Geschmacksknospen sind mit Nerven verbunden, die zum Gehirn führen, und sie funktionieren ähnlich wie Schalter. Sobald ein bestimmter

chemischer Stoff auf sie trifft, reagieren sie mit einer Meldung an das Gehirn. Dort wird die Botschaft ausgewertet und wir schmecken etwas.

Wie kommt der Geruch in die Nase?

Riechen funktioniert so ähnlich wie Schmecken. In beiden Fällen reagieren Sinneszellen auf bestimmte chemische Stoffe. Für das Riechen sind die etwa 1,5 Millionen winzigen Riechzellen zuständig, die in der Nasenhöhle am sogenannten Riechfeld sitzen. Beim Einatmen durch die Nase strömt Luft am Riechfeld vorbei, und wenn wir essen, steigt der Duft durch den Mund in die Nase hoch. Die Riechzellen werden durch die Duftteilchen in der Luft angeregt und melden den Geruch an das Gehirn weiter. Je mehr Duftteilchen sich in der Luft befinden, desto stärker empfinden wir ihren Geruch, weil das Gehirn mehr Signale empfängt.

Warum riecht bei Regenwetter alles stärker?

Wenn die Luft feucht ist, können wir die Geruchspartikel in der Luft besser wahrnehmen. Die Duftteilchen regen die Riechzellen in der Nase stärker an. Deshalb riecht bei einem Spaziergang im Regen alles viel stärker. In der freien Natur freuen wir uns über die frische Luft, in der Stadt riechen wir die stinkenden Auto- und Industrieabgase deutlicher als bei Sonnenschein.

Wie viele verschiedene Gerüche kann man unterscheiden?

Das kommt ganz darauf an, wie viel Übung jemand hat. Ungeübte Menschen können ungefähr 350 verschiedene Gerüche wahrnehmen. Spezialisten wie Parfümhersteller, die Düfte aus den verschiedensten Duftnoten zusammenstellen, können nach langer Übung ein Vielfaches an Gerüchen unterscheiden.

Weshalb wird man vom Essen müde?

Wer viel gegessen hat, fühlt sich anschließend oft müde und schlapp. Denn nun müssen Magen und Darm kräftig arbeiten, um die Speisen zu verdauen. Blut strömt in den Bauch und schafft frischen Sauerstoff heran. Die anderen Organe werden weniger stark durchblutet. Auch dem Hirn fehlt Sauerstoff. Man kann sich schlecht konzentrieren und hat außerdem weniger Kraft in den Muskeln als sonst. Deshalb ist es besser, wenn man sich nach einem üppigen Essen ein wenig ausruht.

Woher kommen Blähungen?

26 Bei der Verdauung im Darm wird der unverdauliche Rest des Speisebreis aufgespalten. Der feste Abfall verwandelt sich in Kot (Fäkalien), die unbrauchbare Flüssigkeit in Urin. Bei der

Verdauung entstehen auch Gase. Der größte Teil entweicht durch die Darmwände: Das Gas wird vom Blut aufgenommen, in die Lunge transportiert und ausgeatmet. Der Rest der Verdauungsgase entweicht durch den Darmausgang, den After. Das pupst mehr oder weniger laut. Wenn zu viele Gase im Darm entstehen, können sie nicht schnell genug abtransportiert werden. Sie blähen den Darm auf und man bekommt Bauchschmerzen.

Weshalb bekommt man Bauchschmerzen, wenn man Wasser auf Obst trinkt?

Obst besteht hauptsächlich aus Wasser. Deshalb stillt es auch den Durst so gut. Wenn man nun Wasser auf Obst trinkt, quellen die Früchte im Magen noch weiter auf. Sie saugen zusätzliche Flüssigkeit auf und nehmen immer mehr Platz ein. Gleichzeitig verdünnt das Wasser die sauren Magensäfte, die das Obst zersetzen sollten – sie haben nun nicht mehr genug Säure. Der Früchtebrei bleibt im Magen liegen und kann nicht verdaut werden. Stattdessen beginnt er zu gären und es entwickeln sich Gase. All das kann dazu führen, dass man tüchtige Bauchschmerzen bekommt. Manchmal hilft sich der Verdauungsapparat, indem er den gegorenen Brei möglichst schnell ausscheidet: Man hat plötzlich Durchfall. Besonders unangenehm ist es, wenn man auf Kirschen und Pflaumen Wasser trinkt. Steinobst, also Früchte mit einem Kern, quillt im Magen noch stärker auf als anderes Obst.

Haben wir auch an den Zehen Fingerabdrücke?

Auf den Fingerkuppen liegen feine Rillen, die ein kompliziertes Muster bilden. Dieses Muster, der Fingerabdruck, ist bei jedem Menschen anders und bleibt das ganze Leben lang gleich. Wir hinterlassen einen Fingerabdruck, wenn wir Gegenstände anfassen; er kann durch bestimmte Methoden sichtbar gemacht werden. Solche Muster haben wir nicht nur an den Fingern, sondern auch an den Zehen.

Wozu nützen uns die Rillen an den Fingerkuppen?

Die Fingerrillen helfen uns, Dinge fest zu halten. Der Griff ist fester, als wenn wir an den Fingerkuppen nur glatte Haut hätten. Nicht nur Menschen, sondern auch Tiere wie Schimpansen und Eichhörnchen haben Rillen an Fingern und Zehen und hinterlassen Abdrücke. Sie müssen beim Klettern viel greifen und fest zupacken.

Wie schnell wächst ein Fingernagel?

Ein Fingernagel braucht ungefähr zehn Tage, um einen Millimeter zu wachsen. In einem Jahr wächst er etwa vier Zentimeter. Finger- und Zehennägel bestehen aus Haut, die hart wird und sich langsam in einen hornigen Schild verwandelt. Das geschieht in der Nagelwurzel. Die halbmondförmige,

28

bleiche Stelle dort, wo der Nagel aus der Nagelwurzel heraus-
wächst und sichtbar wird, nennt man den „Mond". Hier ist
der Nagel noch weich. Je weiter er sich herausschiebt, desto
härter wird er.

Was passiert mit der Flüssigkeit, die wir trinken?

Beim Trinken nehmen wir Flüssigkeit in den Körper auf.
Dort verwandelt sich das Wasser, aus dem alle trinkbaren
Flüssigkeiten hauptsächlich bestehen, in verschiedene Kör-
perflüssigkeiten. Wasser ist der Grundstoff von Blut, von
Speichel, von Tränen und von anderen Körpersäften. Mit
einem Teil der Flüssigkeit, die wir trinken, werden schädliche
und überflüssige Abbauprodukte aus dem Stoffwechsel über
die Nieren als Urin ausgeschieden. Auch für den Schweiß,
der wichtig für die Wärmeregulierung des Körpers ist, wird
viel Wasser benötigt.

Warum schwitzen wir bei Hitze?

Menschen schwitzen immer. Sogar im Schlaf sind die
Schweißporen tätig und scheiden in der Nacht bis zu einem
halben Liter Schweiß aus. Besonders stark schwitzen wir aber
bei Hitze oder dann, wenn die Muskeln stark arbeiten müssen. Dann verdunstet der Schweiß auf der Haut. Dadurch
kühlt der ganze Körper ab. Der Schweiß schützt uns also vor

29

Überhitzung. Die kühlende Wirkung von Feuchtigkeit bemerkt man sofort, wenn man sich an einem heißen Tag abduscht und sich nicht abtrocknet: Man fröstelt. Die Wassertröpfchen auf der Haut verflüchtigen sich. Diese Verdunstung entzieht dem Körper Wärme und man kühlt ab. Dasselbe passiert beim Schwitzen.

Warum zittern wir bei Kälte?

Alle warmblütigen Lebewesen müssen ihre Körpertemperatur ständig auf einem bestimmten Stand halten. Bei Menschen liegt sie bei 37 Grad Celsius. Ist die Temperatur höher, haben wir Fieber; sinkt sie, leiden wir an Unterkühlung. Gegen das Auskühlen wehrt sich der Körper. Die Muskeln fangen an zu zittern. Ohne dass wir es wollen, ziehen sie sich bei Kälte krampfartig und schnell zusammen und lassen gleich wieder los. Dadurch erzeugen sie Wärme, die uns von innen her etwas aufheizt. Manchmal ist das Zittern so stark, dass es den ganzen Körper schüttelt und sogar die Zähne mitklappern. Dagegen hilft Laufen und Hüpfen. Dabei müssen die Muskeln arbeiten. Sie werden innerlich warm und müssen nicht mehr zittern.

Warum sträuben sich manchmal die Haare?

Tiere mit einem Pelz plustern sich bei Kälte auf. Die Haare stellen sich auf, der Pelz wird dichter und isoliert besser.

Wenn eine Katze aus der Kälte ins Zimmer kommt, sieht sie deshalb viel buschiger aus als an warmen Tagen. Aber auch in gefährlichen Situationen stellen Tiere die Haare auf. Dann wirken sie nämlich größer und bedrohlicher auf Angreifer. Anders als unsere Verwandten im Tierreich haben wir Menschen keinen Pelz mehr. Vor langer Zeit jedoch waren unsere Vorfahren, die affenähnlichen Frühmenschen, dicht behaart. Die Körperbehaarung ist allerdings in vielen Tausend Jahren immer spärlicher geworden. Statt dichter Haare haben wir am ganzen Körper einen sehr feinen, fast unsichtbaren Flaum. Bei Gefahr oder bei Kälte sträuben sich aber auch bei uns Menschen die Haare.

Woher kommt die Gänsehaut?

Die Haare stecken in den Haarwurzeln. Wenn wir Angst bekommen oder wenn es kalt ist, stellen kleine Muskeln in der Haut die Haare auf. Das sieht man besonders gut an den Armen und Beinen. Hier besteht die Behaarung aus unzähligen kleinen und feinen Härchen. Die Härchen selbst sieht man nicht. Aber man erkennt, wie sich die Haut rings um die Haarwurzeln zusammenzieht. Dabei entstehen winzige Erhöhungen. Das ist die sogenannte Gänsehaut. Es passiert dasselbe wie mit der Katze, der sich bei Gefahr die Haare sträuben. Der Name „Gänsehaut" kommt daher, dass die menschliche Haut dann ähnlich aussieht wie die Haut einer toten Gans, der man die Federn ausgerupft hat.

31

Warum können wir einen Sonnenbrand bekommen?

Sonnenstrahlen bestehen aus mehreren unterschiedlichen Arten von Strahlen. Einen Teil davon sehen wir als Sonnenlicht. Einen anderen Teil spüren wir als Wärmestrahlen. Daneben gibt es aber auch noch die sogenannten ultravioletten Strahlen, abgekürzt UV-Strahlen. Menschen haben kein Sinnesorgan, mit dem sie diese Art von Strahlung direkt wahrnehmen können. Aber die UV-Strahlen wirken trotzdem auf den Körper. Sie dringen in die Haut ein und zerstören Hautzellen. Das ist der Sonnenbrand. Ein starker Sonnenbrand tut nicht nur weh; er ist für den ganzen Körper schädlich, weil er die Abwehrkräfte schwächt.

Können nur Menschen einen Sonnenbrand bekommen?

Nicht nur Menschen, sondern auch Schweine können einen Sonnenbrand bekommen. Hausschweine haben eine ähnlich empfindliche, ungeschützte Haut wie wir. Ihre wild lebenden Vorfahren und Verwandten, die Wildschweine, tragen ein Haarkleid. Durch jahrhundertelange Züchtung ging dieses schützende Fell verloren und die Hausschweine haben in der Sonne ähnliche Probleme wie wir Menschen. Nilpferde zum Beispiel schützen sich, indem sie die heiße Zeit im Schatten oder im Wasser verbringen.

Weshalb werden wir in der Sonne braun?

Die menschliche Haut hat ein Abwehrmittel gegen die schädlichen ultravioletten Strahlen. Unter der obersten Hautschicht, der Epidermis, liegen Zellen, die winzige Farbkörperchen erzeugen. Diese dunklen Körnchen oder Pigmente nennt man Melanin. Sie bilden einen Schutzschild gegen die eindringenden UV-Strahlen. Je kräftiger und je länger die Sonne auf die Haut scheint, desto mehr Melanin bildet sich. Die Haut wird immer brauner.

Wie viele Haare hat ein Mensch?

Menschen haben durchschnittlich fünf Millionen Haare. Die allermeisten Haare sind winzige, fast unsichtbare Härchen, die fast die gesamte Körperoberfläche bedecken. Auf dem Kopf haben wir nur etwa 100 000 Haare. Blonde Menschen haben durchschnittlich 140 000 Kopfhaare, rothaarige nur 90 000. Dazwischen liegen mit 100 000 Haaren die dunkelhaarigen Menschen.

Wie entsteht der Schluckauf?

Manchmal arbeitet das Zwerchfell nicht so, wie es soll. Es zieht sich schnell und krampfartig zusammen. Die Krämpfe im Zwerchfell drücken die Lunge zusammen. Die Luft wird aus der Lunge in die Luftröhre hochgepresst. Wenn sich in

diesem Augenblick die Luftröhre im Bereich der Stimmbänder verschließt, entsteht der Schluckauf. Etwas Luft dringt durch und erzeugt das „Hicks"-Geräusch. Schluckauf entsteht meistens, wenn die Magennerven gereizt werden. Das kann geschehen, wenn man etwas Heißes oder etwas Kaltes isst oder auch zu viel auf einmal. Dann krampft sich das Zwerchfell zusammen.

Was geschieht beim Gähnen?

Wenn wir müde sind oder uns langweilen, müssen wir manchmal gähnen. Das geschieht automatisch, ob wir es nun wollen oder nicht. Beim Gähnen holen wir tief Atem und transportieren eine Menge frischen Sauerstoff in die Lunge. Das Blut bringt den Sauerstoff ins Gehirn und wir fühlen uns wieder ein wenig frischer. Merkwürdigerweise ist Gähnen eine ansteckende Sache. Wenn in einer Runde jemand zu gähnen beginnt, fangen sicher gleich andere auch damit an. Oft genügt es sogar, wenn man etwas über das Gähnen liest. (Hast du eben gegähnt?)

Wie viel Schlaf braucht der Mensch?

Das hängt von seinem Alter ab. Babys schlafen im Durchschnitt 15 Stunden am Tag, Vierjährige zwölf Stunden und Erwachsene sieben bis neun Stunden. Ältere Menschen kommen mit ein paar Stunden Schlaf aus. Im Schlaf erholt sich

der ganze Körper. Die Muskeln und Organe, das Gehirn und das Nervensystem können sich nach den Anstrengungen des Tages regenerieren. Wie viel Schlaf jemand braucht, ist von Mensch zu Mensch verschieden. Manchen reicht es, wenn sie täglich nur vier Stunden schlafen. Andere brauchen neun oder zehn Stunden, um sich frisch zu fühlen.

Wie oft schlägt das Herz pro Minute?

Bei Frauen schlägt das Herz schneller als bei Männern. Männer haben eine Pulsfrequenz von durchschnittlich 70 Schlägen pro Minute, Frauen von 80; bei Kindern liegt sie um 120. Bei körperlicher Anstrengung schlägt das Herz schneller. Die Muskeln brauchen mehr Sauerstoff und die Herzpumpe muss deshalb das Blut schneller kreisen lassen. Auch bei Gefahr und Aufregung fängt das Herz zu rasen an. Das Gehirn muss gut durchblutet werden, damit der Mensch schnell reagieren kann.

Wie lange braucht das Blut für eine Reise durch den Körper?

Das Blut in den Blutgefäßen im menschlichen Körper ist ständig in Bewegung, es fließt mit einer Höchstgeschwindigkeit von einem Kilometer in der Stunde. Mit diesem Tempo ist es allerdings nur in der Nähe des Herzens unterwegs; in den Blutgefäßen der Arme und Beine fließt es viel langsamer.

35

Eine Blutzelle braucht etwa eine Minute, um eine komplette Reise durch den Körper zurück zum Herzen zu machen. Bei Anstrengung pumpt das Herz allerdings noch viel schneller; dann fließt das Blut auch rascher. Die Blutgefäße (mit den Arterien, Venen und feinen Kapillargefäßen) sind weitverzweigt und bilden ein kompliziertes Netz. Wenn man alle hintereinanderlegen würde, käme man auf eine Gesamtstrecke von nicht weniger als 100 000 Kilometer!

Rund um uns herum

Hat die Luft ein Gewicht?

Die Luft, die uns umgibt, ist ein Gemisch verschiedener Gase – darunter Sauerstoff, den wir zum Leben brauchen. Auch Gase, so wenig wir uns das vorstellen können, haben ein Gewicht. Das Gewicht, mit dem die Luft auf uns drückt, nennt man den Luftdruck. Wir spüren das Gewicht der Luft deshalb nicht, weil sie von allen Seiten mit gleich starker Kraft auf uns drückt und in unserem Körper der gleiche Luftdruck wie außen herrscht. Dass Luft aber etwas wiegt, merken wir nur, wenn wir ihr Gewicht mit dem anderer Gase vergleichen.

Wie viel wiegt die Luft in einer Taucherflasche?

Taucher müssen für einen längeren Tauchgang Atemluft mit in die Tiefe nehmen. Die Luft wird in stählerne Flaschen gepumpt, die meist 15 Liter fassen. Die darin enthaltene Druckluft hat ein Gewicht von vier Kilogramm. (Luft, die unter hohem Druck steht, nennt man Druckluft.)

Es klingt merkwürdig, dass die leichte Luft unter Druck plötzlich so schwer sein soll. Aber in der Taucherflasche ist so viel Luft zusammengepresst, wie sie unter normalen Umständen ein Zimmer füllen würde. Und auch ein zusammengepresstes und daher kleines Heubündel wiegt genauso viel wie ein großer, lockerer Heuhaufen. Deswegen können Taucher so lange unter Wasser bleiben.

38

Wie kann man einen Heißluftballon steuern?

Ballons haben keinen eigenen Antrieb. Sie fliegen immer mit dem Wind und gleiten genauso schnell dahin, wie der Wind weht. Im Korb selbst ist es windstill. Jeder Windstoß nimmt den ganzen Ballon mit. Wie schnell er unterwegs ist, sieht der Ballonfahrer an der Landschaft, die unter ihm weggleitet. Weil nun der Wind alleine die Fahrtrichtung bestimmt, muss sich der Pilot vor der Fahrt genau nach den Windverhältnissen und nach dem Wetterbericht erkundigen. Nur die Fahrthöhe kann er selbst bestimmen. Wenn er aufhört, die Luft im Heißluftballon aufzuheizen, kühlt sie langsam, aber sicher aus. Der Temperaturunterschied zwischen der Luft in der Umgebung und der Luft im Ballon wird kleiner und die Auftriebskraft geringer: Der Ballon sinkt. Wenn der Fahrer seinen Gasbrenner stärker aufdreht, wird die Luft im Ballon wärmer und leichter: Der Ballon steigt höher.

Warum fallen Fallschirmspringer so langsam zu Boden?

Der Luftwiderstand sorgt dafür, dass ein Fallschirm so langsam zu Boden fällt, dass der Springer mit heilen Knochen davonkommt. Der Fallschirm bildet eine riesige Fläche und hat daher einen hohen Luftwiderstand. Beim Fallen muss er eine große Menge von Luftteilchen wegdrücken. Das bremst den Fall stark ab. Ohne Fallschirm würde ein Springer wie ein

39

Stein zu Boden stürzen. Und ohne Luft wäre auch ein Fallschirm völlig nutzlos. Ein Springer auf dem Mond würde genauso schnell zu Boden fallen wie einer ohne Schirm.

Könnten Astronauten mit einem Fallschirm auf die Erde zurückspringen?

Theoretisch wäre das schon denkbar: Anstatt einen Astronauten mit einem Raumtransporter zurück zur Erde zu transportieren, könnte man ihn von der Raumstation aus ein Stück Richtung Erde katapultieren. Dann würde sich sein Fallschirm öffnen und er könnte sicher auf der Erdoberfläche landen. Doch so ein Vorhaben würde für den Astronauten trotz Schutzanzug und Fallschirm tödlich enden. Der Raumfahrer würde mit so großer Geschwindigkeit in die Erdatmosphäre eintauchen, dass er wie eine Sternschnuppe verglühen würde – noch bevor der Fallschirm den Flug bremsen könnte. Allerdings arbeitet man an der Entwicklung von Raumanzügen, die den Astronauten vor der glühenden Hitze schützen sollen. Wenn das eines Tages gelingt, könnten Astronauten tatsächlich vom Weltraum auf die Erde springen.

Warum haben Fallschirme ein Loch in der Kuppel?

40   Die ersten Fallschirmmodelle waren wie riesige Schirmdächer gebaut. Sie bremsten zwar den Fall, ließen den Springer aber wild hin und her pendeln. Die vom Schirm gefan-

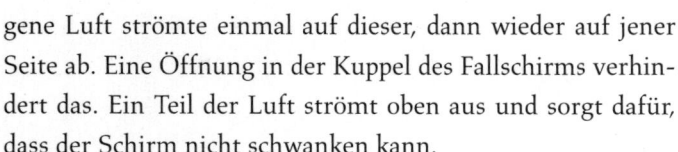

gene Luft strömte einmal auf dieser, dann wieder auf jener Seite ab. Eine Öffnung in der Kuppel des Fallschirms verhindert das. Ein Teil der Luft strömt oben aus und sorgt dafür, dass der Schirm nicht schwanken kann.

Was ist der Rückstoß?

Wenn wir einen Gartenschlauch aufdrehen und nicht fest halten, spritzt und tanzt er wild in der Gegend herum. Die Kraft, die ihn bewegt, nennt man den Rückstoß. Jeder Gegenstand, der etwas wegstößt oder ausstößt, wird selbst in die Gegenrichtung gestoßen. Der Rückstoß bewegt den Schlauch, aus dem Wasser spritzt. Er schießt auch einen aufgeblasenen Luftballon herum, wenn man die Luft aus der Öffnung entweichen lässt. Und wer sich von einem Boot aus abstößt und ins Wasser springt, stößt damit das Boot in die Gegenrichtung.

Wie funktioniert ein „Raketenballon"?

Wenn man einen Luftballon aufbläst, das Loch aber nicht verschließt und den Ballon loslässt, zischt er los. Die elastische Ballonhaut zieht sich zusammen, stößt dabei Luft aus und wird durch den Rückstoß in die Gegenrichtung getrieben. Der Rückstoß treibt auch eine Rakete oder ein Düsenflugzeug an, aus deren Düsen heiße Gase schießen. Der Feuerstrahl entfernt sich in die eine Richtung und stößt Rakete oder Jetflugzeug in die andere.

41

Warum blicken die Leute auf alten Fotos so starr in die Kamera?

Bei den frühen Fotografien mussten die Modelle eine Minute lang regungslos sitzen, bis das Filmmaterial jener Zeit belichtet war. Wenn man sich bewegte oder auch nur zwinkerte, wurde das Bild unscharf – daher kommen die starren Posen. Besonders unangenehm war die Sache für Kinder. Sie konnten nicht gut so lange still sitzen und der Fotograf musste den Versuch häufig wiederholen. Deshalb verlangte er für Porträts von Kindern auch mehr Geld als für Bilder von Erwachsenen.

Welche Farbe hat das Licht der Sonne?

Das Sonnenlicht erscheint uns farblos oder weiß. Trotzdem besteht es aus den verschiedensten Farben. Das erkennen wir beispielsweise an einem Regenbogen: Wenn die Sonne in den Regen scheint, wird das Licht von den Wassertropfen in seine bunten Bestandteile aufgeteilt. Dabei erkennen wir alle Farben des Regenbogens.

Auch mit einem Prisma, einem sechseckigen Glaskörper, lässt sich das Sonnenlicht in seine vielfarbigen Bestandteile aufspalten. Diese Hauptfarben sind Rot, Orange, Gelb, Grün, Blau und Violett. Alle Farbtöne, die wir mit unserem menschlichen Auge erkennen können, sind aus diesen sogenannten Spektralfarben zusammengemischt.

Kann man auch nachts einen Regenbogen sehen?

Ja – aber nur bei Vollmond. Dann erfüllt das Mondlicht die-
selbe Aufgabe wie das Sonnenlicht am Tag. Das Mondlicht
wird durch die Regentropfen in seine farbigen Bestandteile
aufgespaltet. Nächtliche Regenbogen sind natürlich immer
nur sehr schwach sichtbar.

Können wir alles sehen, was es im Weltraum gibt?

Die allermeisten Himmelskörper sind so weit entfernt, dass
wir das von ihnen ausgesandte Licht mit bloßem Auge gar
nicht wahrnehmen können. Sie erscheinen dem Auge viel zu
klein. Teleskope sammeln ihr Licht und lassen uns tiefer in
den Weltraum blicken – bis in die unvorstellbare Entfernung
von 10 Milliarden Lichtjahren. Doch auch für die größten
Fernrohre gibt es Grenzen. Die am weitesten entfernten
Himmelskörper kennen wir nur von den Funksignalen, die
sie aussenden.

Welche Sterne bleiben für immer unsichtbar?

Es gibt Sterne, die so schwer sind, dass sie überhaupt keine
Signale aussenden können – weder Lichtstrahlen noch andere
Strahlen. Die starke Schwerkraft dieser merkwürdigen Himmelskörper fängt sogar die Lichtstrahlen ein. Man nennt sie
schwarze Löcher. Sie halten das Licht fest wie unsere Erde

43

einen festen Gegenstand. Und weil wir nur Dinge sehen können, die Licht aussenden oder zurückstrahlen, werden die schwarzen Löcher für immer unsichtbar bleiben. Wir wissen, dass es sie gibt, weil die Lichtstrahlen von dahinterliegenden Sternen auf dem Weg zur Erde von den schwarzen Löchern abgelenkt werden.

Weshalb leuchtet der Mond?

Der Mond ist ein kahler, toter Himmelskörper, der die Erde umkreist und selbst so wenig leuchtet wie ein Stein. Trotzdem scheint er in manchen Nächten und spendet bei Vollmond so viel Licht, dass man dabei sogar lesen kann. Das Mondlicht ist in Wirklichkeit geborgtes Sonnenlicht. Wenn der Mond nachts am Himmel steht, befindet sich die Sonne auf der anderen Seite der Erdkugel. Deshalb erreichen uns die Sonnenstrahlen in der Nacht nicht. Doch an der Erde vorbei bescheint die Sonne den Mond. Die Sonnenstrahlen werden von der Mondoberfläche zurück in den Weltraum geworfen und erreichen auch einen Teil der nächtlichen Erde.

Woraus bestehen die Kondensstreifen von Flugzeugen?

44 Hauptsächlich aus Wasser. Flugzeuge stoßen mit den Abgasen der Triebwerke aber auch große Mengen winzigster Rußteilchen aus. Wenn sie in großen Höhen durch die kalte, klare

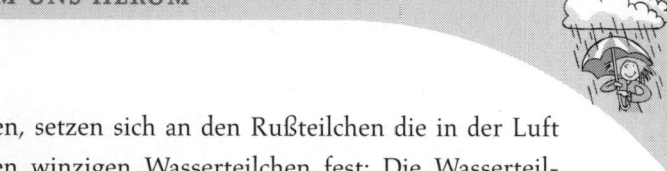

Luft fliegen, setzen sich an den Rußteilchen die in der Luft enthaltenen winzigen Wasserteilchen fest: Die Wasserteilchen kondensieren, d. h. sie verdichten sich. So zieht das Flugzeug einen Kondensstreifen hinter sich her, der sich bald wieder auflöst.

Kocht Wasser überall bei gleicher Temperatur?

Wasser kocht bei 100 Grad Celsius – aber nicht überall auf der Welt, sondern nur auf Meereshöhe. Der Siedepunkt des Wassers ist nämlich vom Luftdruck abhängig. (Der Siedepunkt ist die Temperatur, bei der Wasser vom flüssigen in den gasförmigen Zustand übergeht, also zu kochen beginnt und sich in Wasserdampf verwandelt.) Im norddeutschen Flachland verwandelt sich Wasser bei exakt 100 Grad in Wasserdampf, im tibetischen Hochland, wo geringer Luftdruck herrscht, schon bei weniger als 90 Grad. Dort kocht Wasser früher, wird aber nicht so heiß wie im Tiefland. Für die tibetischen Köche ist das nicht gerade angenehm. Sie müssen zum Beispiel ihren Gerstenbrei viel länger kochen lassen, bis er endlich gar ist – aus dem schlichten Grund, weil das Wasser einfach nicht heiß genug wird.

Warum donnert es bei einem Gewitter?

Wenn es blitzt, entladen sich große Mengen Elektrizität zwischen zwei Wolken oder zwischen einer Wolke und der Erde.

Im Zentrum des Blitzes, im Blitzkanal, wird die Luft auf mehrere Tausend Grad aufgeheizt. Dieser Kanal ist nur ein paar Zentimeter stark, aber oft Hunderte Meter lang. Die Luft dehnt sich hier wie bei einer Explosion aus und diese Luftexplosion ist es, die wir als Donner hören.

Warum sind die Meere nicht schon längst verdunstet?

Die Meere verlieren ständig Wasser durch aufsteigenden Wasserdampf. Die Wasserschicht, die pro Jahr in einem tropischen Meer verdunstet, ist immerhin zwei Meter stark. Doch das Wasser kommt wieder zurück: als Regen, der direkt auf das Meer fällt, und durch die in das Meer strömenden Flüsse. Ohne Wassernachschub würden die Weltmeere in einer Million Jahre ausgetrocknet sein.

Woraus wird Gummi gemacht?

Gummi oder Naturkautschuk besteht aus dem getrockneten Milchsaft bestimmter tropischer Bäume. Sie werden angeritzt, um den Saft in Bechern auffangen zu können. Er wird mit Säuren behandelt und in die gewünschte Form gebracht. Den auf diese Weise gewonnenen Naturkautschuk nennt man auch Latex. Kautschukbäume, die Gummi spenden, stammen aus Südamerika; die Ausfuhr ihrer Samen war lange Zeit unter Todesstrafe gestellt. Heute wird Gummi

auch in den tropischen Ländern Asiens und Afrikas gewonnen. Die Indios waren die ersten Menschen, die Gummi verwendeten. Sie spielten mit Gummibällen, stellten Gummiflaschen her und wateten sogar in Gummistiefeln durch den Urwald. Die Europäer lernten Gummi dann erst bei der Eroberung Südamerikas kennen. Heute stellt man gummiartige Stoffe auch künstlich her.

Warum dämpfen Gummireifen beim Fahren die Stöße?

In Europa wurde Gummi als Werkstoff erstmals vor ungefähr 200 Jahren benutzt. Man verwendete ihn zur Herstellung von Regenbekleidung oder Schläuchen. Erst vor etwas mehr als 100 Jahren, im Jahr 1888, kam man auf den Gedanken, luftgefüllte Gummischläuche auf Räder zu montieren, um damit die Stöße bei der Fahrt über die seinerzeit furchtbar holprigen Straßen zu dämpfen. Luft ist elastisch und lässt sich zusammendrücken. Wenn der Druck nachlässt, dehnt sie sich wieder aus. Die Wucht der Stöße auf einer holprigen Strecke wird von der Luft im Reifen aufgefangen. Gleichzeitig rattern und rasseln Luftreifen weniger als Holz- oder Eisenräder.

Den genialen Einfall, Luftreifen zu bauen, hatte der Tierarzt John Boyd Dunlop. Er montierte einen aus einem Gartenschlauch gebastelten Luftreifen auf das Dreirad seines kleinen Sohnes.

47

Warum haben Autos einen Kühler?

Automotoren verbrennen in den Zylindern Treibstoff und werden daher sehr heiß. Sie müssen ständig gekühlt werden. Die meisten Automotoren haben eine Wasserkühlung. Der Kühler ist ein vor dem Motor liegender Wasserbehälter, in dem das Kühlwasser ständig abgekühlt wird. Das besorgt der Fahrtwind oder ein Ventilator.

Wie kann Wasser Steine sprengen?

Wenn Wasser in kleine Ritzen von Straßen und Gebäuden einsickert und dann gefriert, kann es Asphalt, Beton und Ziegel mit der Zeit aufsprengen. Es verursacht Frostschäden. Die Kraft, mit der Wasser auf die Umgebung drückt, wenn es sich beim Einfrieren ausdehnt, beträgt immerhin zwei Tonnen pro Quadratzentimeter. Das entspricht dem Gewicht eines Elefanten auf einer Briefmarke. Vor der Erfindung des Sprengstoffs nutzte man diese „Eiskraft" des Wassers in Steinbrüchen. Die Arbeiter bohrten Löcher in riesige Steinblöcke und füllten sie mit Wasser. Bei Frost dehnte sich das Eis aus und trieb die Blöcke auseinander. Im alten Ägypten, wo die Temperaturen nicht unter null Grad sanken, machte man es anders. Dort steckte man trockene Hölzer in nebeneinanderliegende Bohrlöcher und weichte sie mit Wasser ein. Das Holz quoll auf und sprengte den Felsblock so natürlich auseinander.

48

Gibt es Luft, die flüssig ist?

Selbst so solide und harte Stoffe wie Eisen kann man so weit erhitzen, dass sie flüssig werden. Bei noch viel höheren Temperaturen verdampfen auch flüssige Metalle und verwandeln sich in Gas. Umgekehrt kann man Stoffe, die bei normalen Temperaturen als Gas vorkommen, so weit abkühlen, dass sie flüssig oder gar fest werden. Luft beispielsweise verwandelt sich bei einer Temperatur von minus 197,5 Grad Celsius in eine Flüssigkeit.

Wie viel Wasser braucht ein Baum?

Kein einziges Lebewesen kommt völlig ohne Wasser aus. Tiere trinken Wasser, nehmen es mit ihrer Nahrung auf oder lassen es durch die Haut in den Körper eindringen. Pflanzen nehmen Wasser vor allem mit den Wurzeln aus dem Boden auf. So verbraucht ein großer Baum täglich eine Tonne Wasser, das aus den Wurzeln über Stamm und Äste in die Blätter hochsteigt und dort verdunstet.

Warum kann eine Nadel auf dem Wasser schwimmen?

Wenn man eine Nadel vorsichtig auf das Wasser legt, geht sie nicht unter, sondern schwimmt darauf. Wenn man genau hinschaut, sieht man, dass die Nadel die Wasseroberfläche ein

49

wenig eindellt – ganz so, als sei über die Wasseroberfläche eine zarte Haut gespannt, auf der die Nadel liegt. Was wie eine Haut aussieht und was die Nadel oben hält, ist die Oberflächenspannung des Wassers. Die Wasserteilchen (Moleküle) wollen möglichst eng zusammenbleiben und „spannen" sich aneinander. Diese Spannkraft ist zwar sehr gering, kann aber einen leichten Gegenstand wie eine Nadel wegdrücken. Sobald jedoch die Nadel an einem Ende eindringt, ist der Bann gebrochen, die Oberflächenspannung zerstört und die Nadel versinkt. Für schwerere Dinge als für eine Nadel ist die Spannkraft des Wassers allerdings zu gering.

Was ist Hagel?

Hagelkörner sind kleine Eisbälle, die aus den Wolken auf die Erde fallen und dabei große Schäden anrichten können. Meistens sind sie nur einen halben Zentimeter dick, doch Hagelkörner können auch so groß wie Tischtennisbälle werden. Dann vernichtet der Hagel das Getreide auf den Feldern, schlägt Dellen in Autodächer und zerschlägt Glasdächer. Hagelkörner entstehen in hohen Wolken. In den höheren Schichten ist es eisig kalt. Die winzigen Wassertröpfchen, aus denen die Wolke besteht, gefrieren zu winzigen Eiskügelchen. Die eiskalten Kügelchen fallen ein Stück weit durch die Wolke und gelangen in die wärmeren unteren Schichten. Hier frieren Wasserteilchen an die Eiskugel an. Das Eiskörnchen wächst, wird zu einem Graupelkorn und fällt als Hagelkorn zu Boden.

Warum hagelt es meistens nur im Sommer?

Manchmal bläst der Sturm ein Hagelkorn wieder nach oben. Bei Sommergewittern kann das Eiskörnchen im Wind immer wieder auf und ab treiben. Dabei gelangt es abwechselnd in kalte und dann wieder in warme Bereiche der Wolke. Jedes Mal legt es neue Eisschichten an und wird immer größer. Schließlich sind die Hagelkörner so groß und schwer geworden, dass sie aus der Wolke zur Erde fallen. Dicke Hagelkörner können also nur entstehen, wenn es in einer Gewitterwolke im oberen Teil eisig kalt ist. Zugleich muss im unteren Teil der Wolke Tauwetter herrschen, damit Wassertröpfchen an das Hagelkorn anfrieren können. Im Winter ist es in der ganzen Wolke eisig kalt. In sommerlichen Gewitterwolken gibt es hingegen große Temperaturunterschiede und deshalb hagelt es so richtig nur im Sommer.

Wie kann man ein Glas durch Singen zerbrechen?

Wenn man ein Glas antippt, gibt es einen bestimmten Ton von sich. Es schwingt mit einer bestimmten Frequenz, also Tonhöhe. Wenn ein guter Sänger genau diesen Ton singt, zerbricht das Glas, ohne dass es jemand angerührt hat. Der gesungene Ton hat das Glas dann zum Mitschwingen, zur Resonanz, angeregt. Und weil die Tonhöhe der Eigenschwingung des Glases entspricht, schaukelt sich die von außen ver-

51

stärkte Schwingung immer höher auf. Das funktioniert so ähnlich wie bei einer Kinderschaukel, der man bei jedem Herschwingen einen neuen, leichten Stoß gibt – und immer höher geht es hinauf. Das Glas schwingt natürlich viel, viel schneller – bei einem hohen Ton viele Hundert Mal in der Sekunde. Irgendwann werden jene Schwingungen so stark, dass es eben zerbirst. Dieses Kunststück schaffen aber nur ausgebildete Sänger, die einen Ton exakt auf der richtigen Höhe halten können.

Warum schluckt der Schnee den Schall?

Bei Schneefall sind Rufe viel weniger weit zu hören als bei klarem Wetter und auch eine frische Schneedecke schluckt den Schall. Die winzigen Poren der Flocken und des lockeren Neuschnees verschlucken nämlich die Schallwellen. Diese treffen auf die kleinen Höhlungen in den Schneekristallen und verfangen sich dort: Ihre Energie geht verloren. Alter Schnee oder Eis hat eine glatte Oberfläche und kann Schall nicht mehr so gut absorbieren, und besonders weit tragen Stimmen über eine ruhige Wasseroberfläche.

Warum sind Kerzenflammen länglich?

52 Damit die Kerze brennen kann, ist – wie für jedes Feuer – Sauerstoff nötig; dieses Gas ist in der Luft enthalten. Beim Verbrennen wird die Luft in der Umgebung der Flamme

erwärmt und sie steigt auf. Von der Seite und von unten strömt Frischluft aber stetig hinzu. Auf diese Weise gelangt frischer Sauerstoff heran und der Luftzug nach oben zieht die Flamme in die Länge. Im Zustand der Schwerelosigkeit könnte eine Kerze übrigens nicht brennen. Ein Astronaut, der in einer Raumstation eine Kerze anzünden wollte, würde Folgendes bemerken: Die Flamme hätte im ersten Augenblick die Form einer Kugel. Dann würde sie gleich wieder erlöschen. Der Grund ist folgender: Die Flamme entzieht der Luft in der Umgebung den Sauerstoff. Doch wo es keine Schwerkraft gibt, kann die verbrauchte und erhitzte Luft nicht aufsteigen. Die Flamme ist sogleich von einer Kugel aus sauerstoffarmer Luft umgeben. Und weil keine Frischluft nachkommt, bekommt sie keine „Nahrung" mehr und erstickt.

Warum verbrennt der Glühdraht in einer Glühlampe nicht?

Der dünne Metallfaden in einer Glühlampe wird durch den durchfließenden Strom so stark erhitzt, dass er zu glühen beginnt und leuchtet. Glühlampen können jahrelang brennen, ohne dass der Draht verbrennt. Im Glasbehälter, den man wegen seiner Form auch Glühbirne nennt, gibt es nämlich keinen Sauerstoff und ohne Sauerstoff kann keine Flamme entstehen. Die Birne ist mit einem Gasgemisch gefüllt, das jede Flamme erstickt. Kleine und schwache Glühlampen mit

Leistungen unter 25 Watt sind oft komplett leer gepumpt; in ihnen herrscht ein Vakuum. Wenn solche Glühlampen zerbrechen, strömt Luft mit hoher Geschwindigkeit ein und es gibt einen leisen Knall. Ohne Glaskörper, der den Sauerstoff der Luft vom Glühdraht fernhält, würde der Metallfaden nur kurz aufglühen und dann wie eine Sternschnuppe verglühen.

Warum können Mondfahrer so hoch hüpfen?

Wie viel ein Mensch (oder irgendein Gegenstand) wiegt, hängt ganz davon ab, wo er sich befindet. Es kommt auf die Kraft an, mit der ihn eine große Masse anzieht. Eine solch große Masse ist beispielsweise die Erde, die mit ihrer Erdanziehungskraft die Dinge an der Oberfläche festhält. Der Mond jedoch ist viel kleiner als die Erde und hat eine viel geringere Masse. Eine auf dem Mond aufgestellte Waage würde für einen Menschen mit einem Erdgewicht von 70 Kilogramm tatsächlich nur 10 Kilogramm anzeigen. Der Mondfahrer ist auf dem Mond tatsächlich leichter, hat aber die gleiche Sprungkraft wie zu Hause auf der Erde. Deshalb kann er auf dem Mond unglaublich hohe Sprünge machen.

Wie funktioniert ein Kompass?

Ein Kompass ist ein Instrument, mit dem man die Himmelsrichtung bestimmen kann. Der wichtigste Bestandteil des Kompasses ist eine magnetische Nadel, die auf einem Dreh-

punkt sitzt. Sie stellt sich immer automatisch auf Norden ein. Die Kraft, die die Nadel dreht und ausrichtet, stammt von der Erde, denn die Erdkugel erzeugt durch ihre Drehung ständig ein elektromagnetisches Feld, das auf den Kompass einwirkt. Die Magnetnadel des Kompasses ist in einem Gehäuse eingebaut und bewegt sich über einem kreisförmigen Anzeigefeld, in das die Himmelsrichtungen eingetragen sind. Um die Richtung abzulesen, dreht man sich mit dem Kompass in der Hand so lange, bis die Nadel in dem Anzeigefeld auf Norden steht. Nun lassen sich die Himmelsrichtungen ablesen.

Fliegen, schwimmen, fahren

Wie kann man die Windkraft nutzen?

Die Kraft, mit welcher der Wind ein Windrad bewegt, kann man ausnutzen. Spielzeugwindräder sind einfach nur schön anzuschauen; große Windräder dagegen können Maschinen antreiben. Bei Windmühlen werden riesige, runde Mahlsteine bewegt, zwischen denen die Getreidekörner zu Mehl zerrieben werden. Windkraftanlagen wiederum treiben einen Generator an – eine Maschine also, die Strom erzeugt. Es gibt sehr viele verschiedene Flügelformen. Die Flügel von Windmühlen sehen anders aus als Spielzeugwindräder oder die Rotoren von Windkraftanlagen. Solche Anlagen findet man übrigens auch in Deutschland.

Was ist der Unterschied zwischen einem Windrad und einem Flugzeugpropeller?

Windräder und Propeller sehen ähnlich aus, funktionieren aber genau umgekehrt. Beim Windrad treibt der Wind das Rad an, und die Drehung der Achse wird für verschiedene Zwecke genutzt, z.B. dafür, den Mühlstein einer Getreidemühle anzutreiben. Der Propeller eines Flugzeugs dagegen wird von einem Motor angetrieben, wirbelt ungeheuer schnell im Kreis und erzeugt dabei einen künstlichen Wind, der das Flugzeug vorantreibt. Wenn es dann am Boden genügend Fahrt aufgenommen hat, heben es die Tragflächen in die Luft.

57

Welches ist das größte Passagierflugzeug?

In einen 70 Meter langen Jumbojet (Boeing 747) passen etwa 500 Menschen. Noch größere Riesenflieger wird es in wenigen Jahren geben. Man plant Giganten, die 800 bis 1000 Passagiere transportieren können. Technisch wäre es heute eigentlich kein Problem, solche Giganten zu bauen; man bräuchte dazu freilich auch neue Flughäfen. Solch einen etwa, wie er erst 1994 in Frankfurt am Main eröffnet wurde. Die Schwierigkeit besteht aber eher darin, eine so große Menge von Menschen auf einmal abzufertigen und ohne lange Wartezeiten in das Flugzeug zu verfrachten. Die heutigen Jumbojets sind übrigens längst nicht die größten Passagierflugzeuge aller Zeiten. Das Luftschiff „Hindenburg" beispielsweise war 245 Meter lang und damit mehr als dreimal so groß wie der Jumbo. Allerdings hatten in der verhältnismäßig kleinen Fahrgastgondel gerade mal 117 Menschen Platz.

Warum braucht ein Flugzeug Tragflächen?

Flugzeuge sind viel schwerer als Luft. Um sie in der Luft zu halten, brauchen sie leistungsfähige Motoren und einen speziellen Aufbau. Die Motoren treiben die Propeller an, die ein Flugzeug durch die Luft ziehen. Und die Tragflächen, die Flügel eines Flugzeugs, halten es in der Luft. Wie eine Tragfläche funktioniert, kann man einfach ausprobieren, wenn man ein Blatt Papier knapp unter die Unterlippe hält und

58

kräftig pustet. Der vorbeiströmende Luftzug hebt das Papier hoch; es wird nach oben gesaugt. Beim Flugzeug sorgt der Fahrtwind für die nötige Tragkraft: Wenn das Flugzeug fliegt, strömt unterhalb und oberhalb der gewölbten Tragfläche die gleiche Luftmenge vorbei. An der gewölbten Oberseite aber muss die Luft einen längeren Weg zurücklegen; sie muss also schneller strömen. Dadurch entsteht ein Sog – die gleiche Art Sog, mit dem wir das Blatt Papier durch Pusten angehoben haben. Der Sog an den Tragflächen hält das Flugzeug sicher in der Luft. Je langsamer ein Flugzeug ist, desto größere Tragflächen braucht es. Superschnelle Düsenjäger kommen hingegen mit kleinen Stummelflügeln aus, denn sie sind eher so etwas wie eine kleine Rakete. Sie fordern dem Piloten deswegen höchstes Können ab.

Warum braucht ein Hubschrauber keine Tragflächen?

Der Rotor eines Hubschraubers hat zwei Aufgaben. Erstens hebt er den Hubschrauber in die Luft. Die Flügel des Rotors sind so eingestellt, dass sie beim Drehen einen Sog oberhalb des Hubschraubers entstehen lassen, der das tonnenschwere Fluggerät hochhebt. In dieser Flugart können Hubschrauber in der Luft stehen. Sie landen und starten ohne Landebahn. Hubschrauber können aber auch mit hoher Geschwindigkeit fliegen. Dann funktioniert der riesige Rotor gleichzeitig wie eine große, runde, schräg gestellte Tragfläche. Am Heck

59

brauchen Hubschrauber aber auch unbedingt noch einen kleinen Rotor. Er sorgt dafür, dass das Fluggerät stabil bleibt und nicht anfängt, sich in der Luft um die eigene Achse zu drehen.

Warum bleiben Segelflieger ohne Motor in der Luft?

Flugzeuge, die ohne Motoren dahinfliegen, heißen Segelflugzeuge. Sie müssen zuerst mit fremder Kraft in Fahrt gebracht werden. Dann segeln sie mit eigenem Schwung dahin. Es gibt zwei Möglichkeiten, ein Segelflugzeug zu starten. Entweder man schleppt es mit einer riesigen Seilwinde in die Luft oder man zieht das Segelflugzeug mit einem Motorflieger in die Luft. Segelflugzeuge sind sehr leicht und haben riesig lange Tragflächen. Sie brauchen nicht viel Fahrtwind, um sich durch den Auftrieb an den Tragflächen in der Luft zu halten. Wenn der Pilot in der Kabine die Luftströmungen geschickt ausnutzt, kann er sich stundenlang in der Luft halten.

Weshalb kann ein Flugzeug nicht in den Weltraum fliegen?

Flugzeuge können nur dort fliegen, wo es genug Luft gibt. Ihre Triebwerke brauchen den Sauerstoff der Luft, um arbeiten zu können, und der Fahrtwind erzeugt den Auftrieb, der das Flugzeug aufsteigen lässt und in der Luft hält. Aus diesen Gründen könnte selbst ein Düsenflugzeug mit den stärksten

Triebwerken die Lufthülle nicht verlassen, die unsere Erde umgibt. Das können nur Raketen.

Wieso kann eine Rakete die Lufthülle der Erde verlassen?

Raumraketen sind nicht auf den Sauerstoff der Luft angewiesen. Sie führen in ihrem Tank Sauerstoff mit, der so stark abgekühlt wurde, dass er flüssig ist. In der Brennkammer des speziellen Raketentriebwerks werden Sauerstoff und der Raketenbrennstoff zusammengemixt und entzündet – heiße Gase rasen aus der Antriebsdüse. Der Rückstoß dieser Gase schießt die Rakete dann hoch über die Lufthülle der Erde und in den Weltraum hinaus. Dabei werden ungeheure Mengen an Treibstoff verbrannt. Der größte Teil einer turmhohen Raumrakete besteht aus Treibstofftanks, die aufeinandersitzen. Ihr Inhalt wird Stufe für Stufe verbrannt. Die leeren Tanks werden noch in der Lufthülle der Erde abgesprengt. Übrig bleibt nur noch die Raumkapsel. Sie transportiert Astronauten in den Weltraum. Unbemannte Raketen setzen Satelliten aus, die um die Erde kreisen. Diese Art von Raketen kann aber nur ein einziges Mal abgeschossen werden.

Was ist die Schallgeschwindigkeit?

61

So wie Wellen im Wasser eine gewisse Zeit brauchen, um vom Boot auf dem See zum Ufer zu gelangen, so pflanzt sich

auch der Schall in der Luft mit einer begrenzten Geschwindigkeit fort. Diese Geschwindigkeit nennt man die Schallgeschwindigkeit. Schallwellen breiten sich in der Luft mit einer Geschwindigkeit von ungefähr 1 200 Kilometern pro Stunde aus. Für eine Strecke von 100 Metern braucht der Schall etwa eine Drittelsekunde. Das ist der Grund, warum wir den Donner später hören, als wir den Blitz sehen. Lichtwellen sind schneller als Schallwellen.

Was geschieht, wenn ein Flugzeug die Schallmauer durchbricht?

Früher glaubte man nicht daran, dass Flugzeuge jemals schneller als der Schall fliegen könnten. Man hielt die Schallgeschwindigkeit für eine unüberwindliche Grenze und nannte sie deshalb „Schallmauer". Das war freilich ein Irrtum. Raketen und Düsenflugzeuge können mit Überschallgeschwindigkeit fliegen. Sie sind schneller unterwegs als der Lärm, den sie erzeugen. Beim „Durchbrechen" der „Schallmauer" knallt es zwar, doch es kommt niemand zu Schaden. Der Knall entsteht, weil die Luftteilchen vor dem Flugzeug einen Augenblick lang nicht wegströmen können. Sie werden stark zusammengedrückt und dehnen sich dann wie in einer Explosion wieder aus. Den Überschallknall kann man auf der Erde hören. Bei Tieffliegern ist die Druckwelle so stark, dass manchmal sogar Fensterscheiben zerbersten. Normale Passagierflugzeuge fliegen jedoch langsamer als der Schall.

62

Gibt es Passagierflugzeuge mit Überschallgeschwindigkeit?

Das schnellste Passagierflugzeug, die Concorde, braucht von London nach New York nicht länger als drei Stunden. Sie erreicht eine Spitzengeschwindigkeit von 2330 Kilometer pro Stunde. Das ist fast doppelte Schallgeschwindigkeit!

Wie lange braucht der ICE für eine Notbremsung?

Bei Tempo 250 braucht der ICE selbst bei einer Notbremsung immerhin noch vier Kilometer, bis er endlich zum Stehen gekommen ist. Der Lokführer kann die vor ihm liegende Fahrtstrecke unmöglich mit eigenen Augen überwachen. Ein Sicherheitssystem überprüft deshalb die Stellung aller Signale auf einer Länge von 50 Kilometern und warnt den Lokführer, wenn die Schienen nicht frei sein sollten.

Was passiert, wenn der ICE-Lokführer einschläft?

Dann bremst der Zug automatisch. Der Lokführer muss nämlich in regelmäßigen Abständen eine Sicherheitstaste drücken. Tut er dies nicht, leitet der Zug von selbst eine Schnellbremsung ein. Dieses Sicherungssystem sorgt dafür, dass der Ausfall des Lokführers keine schlimmen Folgen für den Zug

63

und die Passagiere haben kann. Der ICE (Intercity-Express) ist zwischen den Städten mit Reisegeschwindigkeiten bis zu 250 Kilometer pro Stunde unterwegs. Dabei sind gigantische Kräfte am Werk. 3,5 Minuten lang beschleunigen die Triebwerke den schweren Zug, um ihn auf eine Geschwindigkeit von 200 Kilometer pro Stunde zu bringen, und 6,5 Minuten, bis er 250 Kilometer pro Stunde schnell unterwegs ist.

Woher bekommt die U-Bahn ihren Strom?

Untergrundbahnen werden von Elektroloks gezogen. Anders als oberirdische Eisenbahnen beziehen sie ihren Strom nicht aus Oberleitungen, sondern aus einer Stromschiene. Sie liegt als dritte Schiene zwischen den Schienen. Ein Stromabnehmer an der Unterseite der Lok hält Kontakt mit der Stromschiene. Aus diesem Grund ist es lebensgefährlich, auf die Gleise einer U-Bahn zu treten.

Schwimmt Holz immer auf dem Wasser?

Die meisten Baumarten liefern Holz, das leichter ist als Wasser und das deshalb schwimmt. Aber es gibt auch schweres Holz, wie das Holz des Buchsbaums. Das ist ein immergrüner Strauch; sein gelbes Holz ist sehr hart und dicht. Ein Stück Buchsbaumholz versinkt im Wasser. Auch leichtere Holzarten gehen unter, wenn sie lange genug im Wasser treiben. Dann gelangt nämlich Wasser in die hauchdünnen Röhren

und Fasern, aus denen das Holz besteht. Das Holz saugt sich mit Wasser voll und verliert seinen Auftrieb wie ein leckgeschlagenes Schiff.

Was hält ein schweres Schiff an der Wasseroberfläche?

Große Schiffe wie zum Beispiel Frachtschiffe oder Fährschiffe wiegen Tausende von Tonnen. Sie sind aus Stahlplatten gebaut und transportieren schwere Lasten. Sie schwimmen deshalb, weil nicht das ganze Schiff, sondern nur die Hülle aus Stahlplatten besteht. Im Inneren des Schiffes – im Laderaum und in den Kabinen – ist sehr viel Luftraum. Gemessen an seiner gesamten Größe, ist auch ein Ozeandampfer ziemlich leicht – viel leichter als die Menge Wasser, die im Schiff Platz hätte. Ein Schiff sinkt erst dann, wenn Wasser durch Lecks ins Innere des Rumpfes dringt. Das Wasser verdrängt die Luft und füllt die leichten Hohlräume aus. Das Schiff wird schwerer und schwerer und geht unter.

Warum können Fische im Wasser schweben?

Die meisten Fische müssen keine Flosse rühren, um im Wasser dahinzuschweben. Sie steigen nicht auf und gehen nicht unter. Ihr Gewicht ist genauso groß wie die Menge Wasser, die sie verdrängen – Gewicht und Auftrieb halten sich die Waage. (Ähnlich liegt der Fall bei einer Seife. Auch ein Sei-

65

fenstück wiegt etwa gleich viel wie ein gleich großes „Stück"
Wasser. Deshalb treibt sie in der Badewanne dahin, ohne un-
terzugehen oder aufzutauchen.) Fische können aber den Auftrieb durch ihre Schwimmblase – einen luftgefüllten Muskel –
noch fein steuern. Der Fisch kann sie zusammenziehen und
ausdehnen. Wenn er die Schwimmblase ausdehnt, wird der
ganze Fisch eine Spur dicker. Er verdrängt etwas mehr Wasser und steigt langsam im Wasser zur Oberfläche auf. Wenn
er dagegen die Schwimmblase zusammenzieht, verkleinert
sich das Volumen des Fisches: Er sinkt unmerklich in tiefere
Wasserschichten hinunter.

Wieso pfeift der Wasserkessel?

Kochendes Wasser verwandelt sich in Wasserdampf. Die Zu-
sammensetzung des Wassers bleibt dabei gleich. Was sich ändert, ist sein Zustand. Als Wasserdampf ist Wasser in gasför-
migem Zustand, als Eis in festem Zustand. Sobald sich Wasser
in Dampf verwandelt, dehnt es sich aus. Der Dampf braucht
mehr Platz. Wenn das Wasser nun im Kessel kocht, schafft es
sich diesen Platz. Der Dampf faucht aus dem Ausguss. Auf
manche Wasserkessel kann man ein Ventil setzen. Wenn sich
der Dampf ausdehnt, muss er durch ein System von Gängen
pfeifen. Dadurch entsteht ein hoher, schriller Ton. Nun weiß
man, dass das Wasser kocht. Dampf kann aber viel mehr, als
bloß einen Kessel zum Pfeifen zu bringen. Die Kraft, mit der
er sich ausdehnt, kann riesige Maschinen antreiben.

Wie funktioniert eine Dampfmaschine?

Eine echte Dampfmaschine funktioniert so: In einem geschlossenen Kessel wird Wasser zum Kochen gebracht. Der Dampf kann nur durch Leitungen entweichen, die zu einem Rohr führen. In diesem Rohr, einem sogenannten Zylinder, befindet sich ein beweglicher Kolben. Der Dampfdruck schiebt den Kolben zurück und der Kolben bewegt eine Stange, die eine Kurbel dreht. Sobald der Dampf diese Arbeit geleistet hat, entweicht er durch ein Ventil und wird in einem Leitungssystem aufgefangen. Leistungsfähige Dampfmaschinen sind natürlich außerordentlich komplizierte Gebilde.

Woher kommt die Dampfkraft?

Sämtliche Motoren und Maschinen wandeln bestimmte Energieformen in eine andere Form um, die wir für unsere Zwecke besser gebrauchen können. Man muss also in jede Maschine zuerst Energie stecken, um sie in anderer Form wieder herauszubekommen. Die Energie, die man in eine Dampfmaschine stecken muss, ist Wärmeenergie: In Dampfmaschinen wird Brennstoff verfeuert. Meistens ist das Kohle. Die Kohle verbrennt und liefert Hitze. Hitze verwandelt Wasser in Dampf. Und Dampf treibt die Maschine, die mechanische Energie liefert; das ist jene Form von Energie, die etwas in Bewegung setzt. Eine Dampfmaschine ist also ein Gerät, das aus Hitze Bewegung erzeugt.

67

Was ist der Unterschied zwischen einem Mühlrad und einem Schaufelrad?

Ein Mühlrad ist ein großes Rad mit Schaufeln, das vom fließenden Wasser gedreht wird. Die Drehung liefert Kraft; früher wurde in vielen Wassermühlen an Bächen und Flüssen Mehl gemahlen. Ein Schaufelrad auf einem Raddampfer funktioniert genau umgekehrt: Hier setzt eine Maschine das Schaufelrad in Bewegung und das Schaufelrad greift in das stehende Wasser und stößt es nach hinten. Damit treibt es das Schiff nach vorne.

Wie arbeitet eine Schiffsschraube?

Schiffsschrauben „schrauben" sich tatsächlich durchs Wasser. Dabei stoßen sie das Wasser nach hinten und drücken damit das Schiff in Fahrtrichtung. Die ersten Schiffsschrauben sahen auch wie Schrauben aus. Sie waren lange Stäbe mit einem Gewinde wie bei einer Holzschraube. Eine Dampfmaschine drehte die Schraube, die sich durch das Wasser wand wie ein Korkenzieher durch einen Korken. Dann entdeckte man, dass kurze Schrauben weniger Wasserwirbel erzeugen und das Schiff schneller antreiben. Aus der Schraube wurde ein Propeller: Auf einer Achse sitzen kurze, schräg gestellte Flügel, die in sich gewunden sind. Bei schneller Drehung erzeugen sie – ähnlich wie Flugzeugpropeller in der Luft – eine Kraft, die das Schiff antreibt.

68

Warum misst man die Geschwindigkeit eines Schiffes in Knoten?

Schiffe geben ihr Fahrttempo nicht in Kilometer pro Stunde, sondern in Knoten an. Ein Knoten entspricht einer Seemeile (1,85 Kilometer) pro Stunde. Der merkwürdige Name „Knoten" ist ein Überbleibsel aus den Tagen der Segelschifffahrt. Für die Seeleute war es früher gar nicht so einfach herauszufinden, wie schnell ihr Schiff eigentlich unterwegs war. Sie behalfen sich mit einer simplen Art von Tachometer. In eine Schnur waren in regelmäßigen Abständen Knoten geknüpft. An ein Ende band man einen Holzbalken und warf ihn ins Wasser. Die Schnur spulte langsam von einer Rolle ab. Je schneller das Schiff unterwegs war, desto mehr Knoten pro Stunde liefen ab, und daraus konnte man die Fahrtgeschwindigkeit errechnen. Dieser Geschwindigkeitsmesser funktionierte auch in stockdunkler Nacht. Der wachhabende Matrose ließ einfach die Schnur durch die Finger laufen und zählte dabei die Knoten.

Was ist der Bremsweg?

Der Bremsweg ist die Strecke, die ein Fahrzeug – ein Schiff, ein Auto oder ein Zug – nach einer Vollbremsung noch zurücklegt, bis es endlich stillsteht. Der Bremsweg ist umso länger, je schneller das Fahrzeug unterwegs war, je schwerer es ist und je schwächer die Bremsen angreifen. Bei gleicher

69

Geschwindigkeit hat ein Auto einen kürzeren Bremsweg als ein Zug oder ein Schiff. Fährt ein Auto 50 Kilometer pro Stunde, ist der Bremsweg 30 Meter.

Wie lang ist der Bremsweg eines Supertankers?

Supertanker haben eine gewaltige Masse. Die größten von ihnen sind einen halben Kilometer lang und wiegen bei voller Ladung nahezu eine Million Tonnen. Diese gewaltige Masse braucht lange, um in Fahrt zu kommen – und ebenso lange, um wieder gestoppt zu werden. Der Bremsweg eines Supertankers beträgt normalerweise 30 Kilometer und das ganze Bremsmanöver dauert zwei Stunden. Selbst bei einer Notbremsung, wenn die Maschinen mit voller Kraft rückwärtslaufen, dauert es noch 25 Minuten, bis der Supertanker nach sieben Kilometern steht. Supertanker sind daher sehr schwer zu steuern. Auch Ausweichmanöver sind schwierig. Bei einer plötzlichen Kurvenfahrt würden gewaltige Kräfte am Schiffsrumpf zerren und das Schiff zerbrechen.

Weshalb fliegen Raumschiffe auch ohne Antrieb immer weiter?

Solange ein Raumschiff nicht von der Anziehungskraft eines Himmelskörpers abgelenkt oder eingefangen wird, fliegt es mit gleicher Geschwindigkeit immer geradeaus. Die Ursache dafür ist die Trägheit seiner Masse. Wenn von außen keine

Kräfte auf einen Körper einwirken, verändert sich sein Bewegungszustand nicht. Es braucht Kraft, ein Raumschiff abzubremsen oder in eine Kurve zu zwingen. Im äußeren Weltall, fernab von der Anziehungskraft von Sternen und Planeten, gibt es solche Kräfte nicht. Nur wenn ein Raumfahrzeug oder ein Komet in die Nähe eines Sternes oder Planeten kommt, beginnt die Schwerkraft des Himmelskörpers an ihm zu ziehen. Es muss seine gerade Flugbahn verlassen und wird in eine Kurve gezwungen.

Warum sind Luftkissenfahrzeuge schneller als normale Schiffe?

Luftkissenboote sind Schiffe, die bei voller Fahrt über dem Wasser schweben. Gewaltige Düsen blasen Luft unter den Schiffsrumpf und dieses in einer riesigen Gummimanschette eingefangene Luftkissen hebt das Boot und trägt es über das Wasser. Luftschrauben – ähnlich wie Flugzeugpropeller – halten das Fahrzeug in Fahrt. Solche Schiffe müssen nicht durchs Wasser pflügen und daher keinen Wasserwiderstand überwinden. Deshalb sind sie schneller. Außerdem schaukeln sie bei Wellen nicht, weil das Luftkissen die Wellenberge und Wellenkämme ausgleicht. Man nennt diese Fahrzeuge auch Hovercraft. Sie sind – im Vergleich zu normalen Schiffen und zu Landfahrzeugen – große Energiefresser. Es braucht eine Menge Kraft, ein großes, viele Tonnen schweres Luftkissenboot aus dem Wasser zu heben.

Wieso kann ein Unterseeboot untertauchen?

Unterseeboote sind Schiffe, die Rumpf und Aufbauten wasser- und luftdicht verschließen können. Sie können wie normale Schiffe auf der Wasseroberfläche fahren, sie können aber auch untertauchen und ihre Fahrt unter Wasser fortsetzen. Ein U-Boot hat ein System von Schwimmkörpern, das ihm erlaubt, unterzutauchen und die Tauchtiefe zu verändern. Bei einer Oberwasserfahrt sind diese sogenannten Tauchzellen mit Luft gefüllt. Sie erzeugen den nötigen Auftrieb, um das U-Boot auf dem Wasser zu halten. Will das U-Boot auf Tauchfahrt gehen, öffnet es die Schleusen der Tauchzellen, Wasser flutet herein. Das U-Boot wird immer schwerer und sinkt unter Wasser. So kann eine bestimmte Tauchtiefe eingestellt werden. Zum Auftauchen presst man Druckluft in die Tauchzellen: Das Wasser wird aus dem U-Boot gedrückt, das Schiff wird leichter und steigt wieder auf.

Wie sah das erste Unterseeboot aus?

Auch der Urahne der gewaltigen und waffenstarrenden Atom-U-Boote war schon ein Kriegsschiff – aber was für eines: Im amerikanischen Unabhängigkeitskrieg baute sich der Amerikaner David Bushnell eine Art Unterwasserfass. Drinnen saß Bushnell und drehte an einer Handkurbel, die wiederum eine Schiffsschraube betrieb. Auf diese Weise

schlich sich das U-Boot unter Wasser an englische Kriegsschiffe heran und legte Wasserbomben aus.

Wie kann ein Flugzeug auf einem Schiff landen?

Flugzeugträger sind gigantische Kriegsschiffe, die als schwimmende Start- und Landebahnen für Kampfflugzeuge dienen. Die Landebahn auf einem Flugzeugträger ist etwa 300 Meter lang und 80 Meter breit. Das reicht aus, um die Flieger starten zu lassen. Bei der Landung werden die Flugzeuge mit starken Stahlnetzen aufgefangen. Sonst würden sie nach dem Aufsetzen trotz Vollbremsung über die Landebahn hinausschießen und ins Meer stürzen: alleine könnten sie ihre Geschwindigkeit nicht abbremsen.

Was ist ein Feuerschiff?

Feuerschiffe sind schwimmende Leuchttürme. Sie ankern dort, wo Untiefen die Schiffe gefährden könnten und wo man keinen Leuchtturm bauen kann, zum Beispiel an Sandbänken. Die Feuerschiffe warnen Schiffe und Boote vor diesen gefährlichen Stellen mit Lichtsignalen, sogenannten Leuchtfeuern. Daher kommt auch der Name „Feuerschiff". An gefährlichen Landvorsprüngen mit festem, felsigem Untergrund oder vor Hafeneinfahrten stehen dagegen Leuchttürme.

Was bedeuten „Backbord" und „Steuerbord"?

Backbord und Steuerbord sind Ausdrücke der Seemannssprache. Vom Heck aus gesehen ist Backbord die linke, Steuerbord die rechte Seite. In der alten Schifffahrt befand sich das Steuerruder auf der rechten Seite des Schiffes; daher Steuerbord. Der Matrose, der das Steuerruder bediente, stand so, dass er die linke Seite des Schiffes im Rücken hatte. Er wandte dieser Seite, der Backbordseite, sein Gesäß (die „Backen") zu.

Wie funktioniert eine Seilschwebebahn?

Wo Menschen und Lasten auf Berge befördert werden müssen und keine Straßen oder Schienen gebaut werden können, fahren Seilschwebebahnen. Die Waggons einer Seilbahn hängen an Stahlseilen; die Räder sitzen auf dem Dach und sind im Tragseil wie auf einer Schiene eingehängt. Die meisten Seilbahnen haben zwei Kabinen oder Gondeln, von denen jeweils eine hochfährt und die andere gleichzeitig hinunterschwebt. Es gibt zwei Seile. Das Tragseil funktioniert ähnlich wie die Schiene der Eisenbahn. Es verbindet die Bergstation mit der Talstation und liegt oft auf Stützmasten auf. Am Tragseil hängt die Gondel und läuft daran auf Rollen. Das andere Seil ist das Zugseil. Es schleppt die Kabinen auf und ab. Beide Kabinen sind durch das Zugseil fest miteinander verbunden. Das Seil ist gerade so lang wie die ganze Strecke; an der Bergstation läuft es über eine Rolle. Wenn die eine Kabine hoch

am Berg hängt, befindet sich die andere im Tal. Nun rollt die eine Kabine auf dem Tragseil hinunter ins Tal. Dabei zieht sie die andere Kabine am Zugseil mit hoch. Mit diesem Trick kann man sich viel Kraft zum Hochschleppen und Bremsen der Kabinen sparen. Beide Kabinen sind immer gleichzeitig unterwegs und fahren dabei in verschiedene Richtungen. In der Mitte der Strecke fahren sie aneinander vorbei.

Wie dick ist das Seil einer Seilbahn?

Das Tragseil einer Seilbahn muss tonnenschwere Gewichte sicher über Schluchten und Abgründe tragen. Auf ihm lastet nicht nur die Gondel, sondern auch das Gewicht des Seiles selbst. Tragseile sind so dick wie ein Arm. Sie bestehen aus vielen dünnen Stahlseilen, die ineinandergeflochten sind. Sie werden ständig überprüft; Seilbahnen sind also sehr sichere Verkehrsmittel. Auch das dünnere Zugseil muss viel aushalten. Es zieht die Gondel bergauf und bremst gleichzeitig die andere Gondel bei der Talfahrt. Sollte es einmal reißen, greifen starke Krallen an der Aufhängung der Gondel in das Tragseil und krallen sich dort fest.

Warum gibt es auf Eisenbahnstrecken so wenig Steigung?

75

Auf steilen Strecken würden die Antriebsräder einer normalen Eisenbahn durchrutschen. Zwischen dem Stahl der Räder

und dem Stahl der Schienen gibt es sehr wenig Reibung. Züge haben daher sehr wenig Rollwiderstand. Das spart viel Energie. Ein Zug, der ungebremst ausrollt, kann noch mehrere Kilometer weit dahinfahren, bis er endlich steht. Zwischen den Gummireifen von Autos und dem rauen Asphalt gibt es viel mehr Reibung als zwischen den Stahlrädern eines Zuges und der Stahlschiene. Autos rollen daher weniger leicht dahin. Dafür haften die Reifen stärker auf der Straße. Autos können aus diesem Grund steilere Strecken bewältigen als Eisenbahnen.

Warum kann eine Zahnradbahn so steile Strecken hochfahren?

Wenn ein Zug steil bergauf fahren soll, setzt man Zahnradbahnen ein. Die Lokomotive fährt wie ein normaler Zug auf Schienen. Die Kraft der Maschine wird aber nicht auf die normalen Räder, sondern auf ein Zahnrad übertragen. Die Zähne des Antriebsrades greifen in die Lücken einer gezahnten Spezialschiene, die zwischen den normalen Schienen liegt. Diese gezackte Schiene nennt man Zahnstange. Sie bildet das Gegenstück zum Zahnrad. Zahnradlokomotiven haben sehr starke Motoren und fahren langsam. Sie müssen die schweren Waggons steile Strecken hochziehen. Die Talfahrt wird durch eine Reihe von Bremssystemen gesichert, die den Zug bei Gefahr in den Schienen festklammern und ihn so abbremsen.

Warum werden Flugzeuge im Flug heiß?

Reibung erzeugt Hitze. Das erkannten schon die Steinzeitmenschen, die zum Feuermachen Holz auf Holz rieben; und das merkt jeder, der bei Kälte die Hände reibt. Auch die Reibung an der Luft erzeugt Hitze. Dazu muss ein fliegender Gegenstand jedoch sehr schnell unterwegs sein. Die Außenhaut eines schnellen Flugzeugs beispielsweise heizt sich durch die Reibung an der Luft bis auf 500 Grad Celsius auf. Weltraumfahrzeuge wie die Spaceshuttles, die nach einem Raumflug wieder in die Erdatmosphäre eintauchen, haben spezielle feuerfeste Schutzschilde aus Keramikplatten. Sie verhindern, dass das Fahrzeug durch die Reibung wie eine Sternschnuppe verglüht.

Welche Art von Automotor hat keine Zündkerzen?

Der Dieselmotor ist so konstruiert, dass sich der Dieseltreibstoff im Zylinder unter hohem Druck von selbst entzündet. Benzinmotoren (Ottomotoren) brauchen Zündkerzen, die das Gemisch aus Kraftstoff und Luft im Zylinder zur Explosion bringen. Dieselmotoren, benannt nach ihrem Erfinder Rudolf Diesel, sind schwächer als gleich große Benzinmotoren, brauchen aber weniger Treibstoff und sind robuster. Fast alle größeren Fahrzeuge, zum Beispiel Lastkraftwagen, aber auch Schiffe und viele Lokomotiven, haben Dieselmotoren.

77

Wie viele Zylinder braucht ein Automotor?

Er braucht mindestens einen Zylinder. Das erste fahrtüchtige Auto hatte einen Einzylindermotor, den der Erfinder Carl Benz im Jahr 1885 auf ein Dreirad montierte. Dieser frühe Automotor war 120 Kilogramm schwer, jedoch nur 1 PS stark. Das Gefährt erreichte eine Spitzengeschwindigkeit von 16 Kilometer pro Stunde. Heutzutage haben die meisten Autos dagegen einen Vierzylindermotor. Schnelle und starke Autos haben aber oft auch sechs, acht oder gar zwölf Zylinder.

Welches ist das sicherste moderne Fortbewegungsmittel?

Das ist der Fahrstuhl. Einem Fahrgast im Lift droht, statistisch gesehen, ein Unfall erst nach 160 Millionen Kilometern Liftfahrt. Treppensteigen ist dagegen viel gefährlicher. Hier sind Unfälle fünfmal so häufig wie beim Fahren im Fahrstuhl.

Wo gab es die ersten Autobahnen?

Die erste Autobahn der Welt wurde in Italien gebaut. Das war im Jahr 1924. Die erste deutsche Autobahn (von Köln nach Bonn) wurde 1932 eröffnet. Anders als auf normalen Straßen gibt es auf Autobahnen keinen Gegenverkehr und

keine Kreuzungen. Im Grunde handelt es sich um zwei nebeneinanderliegende Straßen, die durch Leitplanken und einen Grünstreifen voneinander getrennt sind. Autobahnen haben auf jeder Richtungsfahrbahn mindestens zwei Fahrstreifen.

Was ist der Vorteil von Raupenschleppern?

Planierraupen, Raupenschlepper und Panzer nennt man auch Kettenfahrzeuge oder Gleiskettenfahrzeuge. Bei diesen schweren Gefährten laufen die Räder nicht auf dem Boden, sondern auf breiten Gleisketten, die auf dem Untergrund ablaufen.

So wird das Gewicht der viele Tonnen schweren Fahrzeuge auf eine große Fläche verteilt und sie können nicht so leicht einsinken wie Räderfahrzeuge. Gleisketten rutschen nicht durch und bewegen sich auf schwierigem Gelände abseits der Straße sicher. Raupenschlepper ziehen schwere Lasten und Planierraupen schieben mit ihrem Schild große Erdmengen vor sich her. Sie können auch steile Strecken überwinden, ohne dass die Ketten durchrutschen.

Warum haben Traktoren so große Räder?

Traktoren sind Zugmaschinen in der Landwirtschaft. Sie sind vor allem dafür gebaut, über unbefestigte Feldwege und über weiche Äcker zu fahren. Dabei dürfen sie nicht einsinken.

Deshalb muss die Fläche, auf welcher der Reifen auf den Untergrund drückt, möglichst groß sein. Das erreicht man, indem man breite Antriebsräder mit großem Durchmesser einsetzt. Auf kleinen, schmalen Hinterrädern, auf denen das meiste Gewicht lastet, würde der Traktor bei Ackerfahrten hoffnungslos einsinken. Die Zugmaschine würde stecken bleiben. Die groben Stollen sorgen dafür, dass die Reifen gut greifen und nicht durchdrehen. Große Räder haben außerdem den Vorteil, dass sie Löcher und tiefe Pfützen leichter überbrücken können. Die Vorderräder eines Traktors sind kleiner. Auf ihnen lastet weniger Gewicht, und sie müssen das Gefährt nicht antreiben.

Welt und Umwelt

Warum ist es bei uns nicht so kalt wie in Sibirien?

Die Stadt Nowosibirsk in Sibirien liegt nicht viel weiter nördlich als Berlin. Trotzdem ist es dort im Winter grimmig kalt. Die Temperaturen fallen in Sibirien nicht selten weit unter 40 oder 50 Grad Celsius. Der Grund, warum es in dieser Weltgegend so viel kälter ist als in Mittel- und Westeuropa, ist folgender: Sibirien liegt im asiatischen Festland und grenzt im Norden an das Eismeer. Das Klima in Europa dagegen steht unter dem Einfluss einer gewaltigen warmen Meeresströmung. Das warme Wasser des Golfstroms fließt aus dem Golf von Mexiko, einer riesigen Bucht zwischen Florida und Mexiko, im Schritttempo quer über den Atlantischen Ozean. Das warme Wasser, das an die Küsten von West- und Nordeuropa gespült wird, erwärmt die Luft. Ohne den Golfstrom wäre es in Norddeutschland so kalt wie in Sibirien und Skandinavien wäre von ewigem Eis bedeckt. Die Wassermassen im Meer wirken wie ein riesiger Wärmepuffer, da das Meer sehr lange braucht, bis es sich in der Hitze aufheizt und bei Kälte friert.

Weshalb wachsen in der Steppe keine Bäume?

82 Steppen sind weite, baumlose Grasländer. Es gibt sie auf allen Kontinenten außer in der Antarktis. Steppen liegen in Gebieten, in denen wenig Regen fällt: zu wenig Regen, um Bäume

wachsen zu lassen, aber zu viel, um das Land verdorren und eine Wüste entstehen zu lassen. Ein typisches Steppengebiet ist die durch zahlreiche Wildwestfilme bekannte nordamerikanische Prärie. In den verschiedenen Ländern haben die Steppen verschiedene Namen. In Argentinien heißen sie „Pampa", in Südafrika „Veldt", in Australien „Busch", und in Europa, in Ungarn, „Puszta".

Was ist der Unterschied zwischen einer Steppe und einer Savanne?

Baumlose Steppen und Savannen bedecken etwa ein Viertel des Festlandes. In gemäßigten und kalten Klimazonen wird das Gras höchstens zwei Meter hoch; diese Gebiete nennt man Steppe. In tropischen Ländern kann das Gras bis zu vier Meter hoch aufschießen. Dieses Grasland nennt man Savanne.

Kann man unter den Polen durchtauchen?

Der Südpol befindet sich auf dem Kontinent Antarktis (oder Antarktika), der über weite Gebiete kilometerdick mit Eis bedeckt ist. Wenn man am Südpol ein Loch bohrt, stößt man irgendwann auf Fels.

Auch der Nordpol ist mit mächtigen Eisplatten bedeckt, die aber auf dem Wasser schwimmen. Deshalb kann ein U-Boot unter dem Nordpol durchtauchen. Erstmals hat dies 1958 das atomgetriebene U-Boot „Nautilus" geschafft.

83

Leben am Südpol Menschen?

Die Antarktis ist der einzige Erdteil, der praktisch unbewohnt ist. In der südpolaren Region halten sich nur ein paar Hundert Wissenschaftler auf; Ureinwohner gibt es in der Antarktis nicht. Die Inuit leben am anderen Ende der Erde, in den arktischen Regionen am Rande des Nordpolgebietes. In den Siedlungsräumen der Inuit ist das Klima allerdings nicht ganz so menschenfeindlich wie in der Antarktis. Der Südpol-Kontinent ist deshalb auch der einzige Kontinent, auf dem der Mensch die Umwelt noch nicht zerstört hat. Gefahr droht der Antarktis dennoch. Unter dem Eispanzer werden nämlich reiche Bodenschätze vermutet.

Was ist ein Atoll?

Atolle sind Inselgruppen in der Südsee mit einer eigenartigen Ringform. Solche Inseln haben eine merkwürdige Geschichte und zeigen, dass sich der Meeresspiegel im Laufe der Erdgeschichte immer wieder gehoben und gesenkt hat. Einst waren die Atolle ganz normale kleine Inseln. Rundherum bildeten sich Korallenriffe, die bis knapp unter die Wasseroberfläche wuchsen. Als das Wasser im Laufe von vielen Tausend Jahren stieg, wuchsen die Korallenriffe mit – die Insel in der Mitte wurde vom Wasser überspült. Später sank der Meeresspiegel wieder ein Stück weit und jetzt ragen die Korallenriffe als ringförmige Inseln aus dem Wasser.

Wie kommt es, dass Korallenriffe wachsen können?

Korallenriffe sind eine Art Kalkstein, der aus den Skeletten kleiner Meerestierchen, den Korallenpolypen, besteht. Diese Meerestiere siedeln an seichten Stellen auf dem Grund warmer Meere. Die jungen Polypen siedeln sich auf den harten Überresten ihrer Vorfahren an. Im Laufe von vielen Tausend Jahren wächst das Riff immer höher. Das größte Korallenriff ist das Great-Barrier-Riff vor der australischen Küste. Es ist über 2000 Kilometer lang und durchschnittlich 250 km breit. Damit ist es das größte von Lebewesen erzeugte Gebilde auf der Erde. In der Südsee sind viele kleinere Inseln von Korallenriffen umgeben.

Was ist das härteste natürliche Material?

Diamanten sind so hart, dass man sie nur mit anderen Diamanten ritzen kann. Dabei besteht dieser Edelstein aus demselben Grundstoff wie Steinkohle, nämlich aus Kohlenstoff. Diamanten entstanden im Laufe von Millionen Jahren unter dem ungeheuer starken Druck und der Hitze im Erdinneren. Dabei hat sich die Anordnung der Kohlenstoffatome so verändert, dass aus einem weichen Stück Kohle der Diamant wurde. Gegen große Hitze ist ein Diamant allerdings nicht gefeit. Bei Temperaturen von mehr als 900 Grad Celsius verbrennt der wertvollste Diamant wie ein Stück Kohle.

85

Gibt es auch im Meer Erdbeben?

Erdbeben in den Tiefen der Meere nennt man Seebeben. Sie können ebenso furchtbare Folgen haben wie Landbeben. Die Erschütterungen auf dem Meeresgrund lösen nämlich manchmal riesige Wellen aus, die sich an der Oberfläche mit hoher Geschwindigkeit fortpflanzen. Schiffe bemerken nichts davon, weil die Wellenberge oft Hunderte Meter breit sind. Wenn die Wellen allerdings in die Nähe von Küsten gelangen, türmen sie sich zu wahren Giganten auf und verwüsten ganze Küstengegenden. Riesenwellen dieser Art nennt man Tsunamis. Das japanische Wort heißt übersetzt „Hafenwelle" – ein Tsunami überspringt nämlich mühelos die Hafenmauern und kann die Schiffe im Hafen zerschmettern.

Wie lange braucht ein Stück Eisen, um an der tiefsten Meeresstelle bis auf den Grund zu sinken?

Eine ganze Stunde lang. Der tiefste Punkt im Meer ist 10 924 Meter (also fast elf Kilometer) tief. Er heißt Challenger-Tiefe und gehört zu einem Tiefseegraben im Nordatlantik. So wie auf dem Land gibt es auch auf dem Meeresboden Berge und Täler, Hochebenen und Tiefseeebenen. Rund um die Kontinente liegen die flachen Meeresgebiete, die etwa 200 Meter tief sind. In diesen Regionen, den Schelfen, wimmelt es von Leben. Weiter draußen fällt der Meeresboden steil auf etwa

86

zwei Kilometer Tiefe ab. Die Tiefseegräben sind etwa sechs Kilometer tief, können aber bis in Tiefen von elf Kilometern reichen. Im Durchschnitt sind die Meere etwa 3 500 Meter tief.

Wovon ernähren sich die Tiere in der Tiefsee?

In die tieferen Schichten der Meere dringt kein Licht. Schon ab einer Wassertiefe von 250 Metern ist es stockfinster. Pflanzen, die sonst überall auf der Welt die Grundlage der Nahrungskette bilden, können hier nicht existieren. Pflanzen brauchen Licht zum Leben. Die Tiefseetiere ernähren sich von den Überresten anderer Tiere, die in die Tiefe absinken – und sie fressen einander.

Ist es in der Wüste still?

Obwohl sich in heißen Sandwüsten kaum Leben regt, geht es die meiste Zeit recht laut zu. Schuld ist der Wind, der Sand aufwirbelt, mit sich fortträgt und massenhaft an den Hängen der Sanddünen ablädt. Die Sandkörner gleiten mit einem brausenden und dröhnenden Geräusch an den Steilhängen der Dünen herab. Auch Felswüsten sind keine stillen Plätze. Die Stille wird immer wieder von lauten, explosionsartigen Geräuschen zerrissen. Sie stammen von berstenden Felsbrocken. Tagsüber heizt nämlich die Sonne die Felsen auf; nachts wird es in der Wüste erstaunlich kalt. Die Steine küh-

len ab und zerbersten dabei. (Etwas Ähnliches passiert, wenn man in ein heißes Glas kaltes Wasser gießt. Bei Kälte zieht sich das Glas zusammen. Es kommt zu inneren Spannungen und das Glas kann mit einem Knall zerbrechen.)

Sind alle Wüsten mit Sand bedeckt?

Die meisten Wüsten auf der Erde bestehen aus Schotter, Geröll und Felsen. Nur in einem Siebtel der Wüstengebiete auf der Erde liegt Sand. Die Araber haben für die verschiedenen Typen von Wüsten auch verschiedene Wörter. Eine Sandwüste heißt „Erg", eine Steinwüste „Reg" und eine Wüste aus nacktem Fels „Ammada". Es gibt nur einen einzigen Kontinent ohne Wüsten. Das ist Europa. Auch die Antarktis ist ein Wüstengebiet – eine einzige Eiswüste.

Wie verändern Wind und Wetter die Erde?

Auf der Erdoberfläche sind Regen und Wind unablässig am Werk. Sie tragen Erde mit sich fort, häufen sie anderswo an und nagen sogar an Felsen. Selbst stehende Luft enthält Gase, die bestimmte Stoffe umwandeln und verwittern lassen. Diesen langsamen, aber unerbittlichen Vorgang nennt man Erosion. Nur wo es keinen Wind und kein Wetter gibt, verändert sich nichts – zum Beispiel auf dem Mond. Die Fußstapfen der Astronauten im Mondstaub wird man noch in Tausenden von Jahren sehen können.

Gibt es auf der Erde mehr Süßwasser oder mehr Salzwasser?

Es gibt 50-mal mehr Salzwasser als Süßwasser. Trinkbares Wasser ist daher ein knappes Gut. Die größten Trinkwasservorräte der Erde liegen in der Antarktis. Dieser Kontinent im Südpolgebiet ist kilometerdick mit Eis bedeckt. Seine Eismassen halten zwei Drittel aller Süßwasserreserven der Erde fest. Das übrige Drittel ist in den Flüssen und Seen, in den Wolken und als Wasserdampf in der Luft enthalten. Der größte Süßwassersee der Welt ist der Baikalsee. Dieser sibirische Gebirgssee ist 1,6 Kilometer tief, 644 Kilometer lang und bis zu 80 Kilometer breit.

Was würde passieren, wenn das Eis auf den Polen schmilzt?

Wenn alles Eis auf der Erde schmelzen und ins Meer fließen würde, dann stiege der Meeresspiegel um 75 Meter an. Das hätte für das Leben auf der Erde schlimme Folgen. Beispielsweise würde ganz Norddeutschland im Meer versinken. Um die Eiskappen auf den Polen völlig wegzuschmelzen, müsste sich das Klima auf der Erde ganz und gar verändern. Es ist nicht wahrscheinlich, dass sich die Erde in einen solchen Hitzeplaneten verwandelt. Aber auch leichte Klimaschwankungen können gefährlich sein. Wenn die Durchschnittstemperaturen auf der Erde nur ein wenig steigen sollten, würde

89

sich ein Teil der polaren Eismassen in Wasser verwandeln. Schon ein Anstieg des Meeresspiegels um einen halben Meter würde viele Küstengebiete unbewohnbar machen.

Kann sich das Klima auf der Erde wieder ändern?

Das wird es ziemlich sicher tun. Die Frage ist nur, wann. Während der gesamten Geschichte der Erde hat es immer wieder Klimaschwankungen gegeben. Zur Zeit der Dinosaurier war es dort, wo heute Deutschland liegt, tropisch heiß wie heute in der Südsee. In den verschiedenen Eiszeiten, in denen die Erde stark abkühlte, waren Norddeutschland und der ganze Alpenbereich von dicken Gletschern bedeckt. Die letzte Eiszeit ging erst vor 10 000 Jahren zu Ende. Warum das Erdklima immer wieder schwankt, weiß niemand. Manche Forscher vermuten, dass die Erde zu bestimmten Zeiten näher an die Sonne heranrückt. Klimaveränderungen passieren allerdings nicht von einem Tag auf den anderen, sondern ziehen sich über Hunderte oder Tausende von Jahren hin.

Auf welchem Kontinent ist jeder Bergbau verboten?

90   In der Antarktis, dem südpolaren Kontinent. Damit will man den einzigen ökologisch noch weitgehend unversehrten Erdteil im Naturzustand erhalten.

Wie viel Trinkwasser verbrauchen wir täglich?

Trinkwasser ist kostbar. Es gibt auf der Erde nur begrenzte Mengen davon. Dennoch gehen die Menschen in den reichen Ländern sehr verschwenderisch mit Wasser um. In Deutschland verbraucht jeder täglich durchschnittlich 146 Liter Trinkwasser. Doch nur vier Liter davon werden getrunken oder zum Kochen verwendet. Die übrigen 142 Liter Trinkwasser verbrauchen Bad, Toilettenspülung und Waschmaschine.

Wie hoch werden die kleinsten Bäume?

In der Tundra wird der Wald nur zehn Zentimeter hoch. Dort, im hohen Norden von Sibirien, kriechen die Äste der Bäume am Boden dahin. Sie werden fünf Meter lang, aber nur eine Handbreit hoch.

Waren die Meere immer dort, wo sie heute sind?

Die Erdoberfläche verändert sich ständig. Sie hebt und senkt sich an verschiedenen Stellen. Dadurch entstehen Meere und trocknen wieder aus. Das geschieht so langsam, dass man es nicht bemerkt. Vor sechs Millionen Jahren konnte man das Mittelmeer zu Fuß überqueren. Damals war dieses Gebiet eine gigantische, trockene Senke. Später füllte sie sich mit Wasser aus dem Atlantik. So bildete sich das Mittelmeer. Noch viel früher, zur Zeit der Dinosaurier, waren Teile von

Mitteleuropa von einem flachen Meer überflutet, aus dem Inseln ragten. Man konnte aber auch vor 20 000 Jahren trockenen Fußes von England nach Frankreich gehen, weil der Meeresspiegel tiefer lag.

Warum ist es im Inneren der Erde so heiß?

Die feste Erdoberfläche ist eine dünne, starre Kruste, die wie eine Eierschale über dem flüssigen Erdinneren liegt. Dort ist es so heiß, dass Gestein schmilzt. Nur bei Vulkanausbrüchen wird deutlich, welch gewaltige Kräfte unter der Erdoberfläche am Werk sind. Das Erdinnere kühlt auch im Lauf von Jahrmillionen nicht aus. Im Erdkern laufen radioaktive Prozesse ab. Wie in einem gigantischen Atomkraftwerk heizt sich die Erde von innen her ständig auf.

Wie schnell dreht sich die Erde um die eigene Achse?

Die Erde dreht sich beständig um die eigene Achse. Ein Mensch, der am Äquator steht, saust mit immerhin 1 600 Kilometern pro Stunde dahin. Weil sich ja alles auf der Erde mitdreht, merken wir das nicht direkt. Einen Anhaltspunkt liefert nur die Sonne, die über den Himmel zu wandern scheint. In Wirklichkeit dreht sich die Erde unter der Sonne weg. Früher glaubten die Menschen, dass die Sonne um die Erde kreist.

Was ist das Auge eines Wirbelsturms?

Im Zentrum eines Wirbelsturms ist es fast windstill. Man nennt es auch das „Auge" des Sturms. Nur wenige Kilometer außerhalb des Zentrums kann ein Wirbelsturm mit Geschwindigkeiten von über 200 Kilometer pro Stunde toben.

Wie viele Babys kommen auf der Erde pro Tag zur Welt?

Tag für Tag wächst die Erdbevölkerung um 216 000 Menschen. Das entspricht der Bevölkerung einer Großstadt wie Lübeck. Pro Minute kommen also 150 Babys zur Welt. Im Jahr 1998 lebten auf der Erde etwa sechs Milliarden Menschen und pro Jahr kommen so viele Menschen dazu, wie Deutschland Einwohner hat.

Gibt es ökologisch falsche Tiere?

Jeder Lebensraum hat seine eigene Tier- und Pflanzenwelt. Ihre Bewohner haben sich im Laufe Hunderttausender Jahre gut aufeinander eingespielt. Wenn man Tiere, die einer anderen Umwelt entstammen, in eine für sie fremde Umgebung aussetzt, können sie das ökologische Gleichgewicht zerstören. Beispielsweise brachten die europäischen Siedler Kaninchen nach Australien mit, wo sie kaum natürliche Feinde hatten. Sie vermehrten sich rasend und fraßen ganze Land-

93

striche kahl. Auf vielen tropischen Inseln rotteten die von den weißen Eroberern eingeführten Hauskatzen die einheimischen Tiere aus. Solche „ökologisch falschen" Tiere können die Umwelt ebenso zerstören wie menschliche Siedler.

Woraus besteht Kreide?

Kreide ist ein weiches Gestein, das aus den Gerippen und Kalkschalen vorzeitlicher Meerestiere besteht. Die Überreste sanken auf den Grund damaliger Meere und bildeten dicke Schichten, die im Laufe der Erdgeschichte versteinerten.

Was ist Ozon?

Das blaue Gas Ozon ist eine Abart des Sauerstoffgases (mit drei Sauerstoffatomen im Molekül). In den oberen Schichten der Atmosphäre bildet es einen Schutzfilter: Die Ozonschicht weist einen großen Teil jener Strahlung ab, die als sogenannte harte Strahlung das Leben auf der Erde bedroht. Dieser Filter ist aber durch Industrieabgase gefährdet. Über Australien gibt es bereits ein regelrechtes Ozonloch. Die Folge ist, dass es dort viel mehr Hautkrebserkrankungen gibt als anderswo. Die Kinder lernen in der Schule, sich durch Kleidung gegen die „böse Sonne" zu schützen. So wichtig Ozon in den oberen Schichten der Lufthülle ist, so schädlich ist Ozon, wenn es sich in der Atemluft nahe der Erdoberfläche sammelt. Hier verursacht dieses Gas Atemnot und

94

Krankheiten. Und wieder sind es Abgase, vor allem Auto-abgase, die für diese Bedrohung verantwortlich sind. Deshalb gibt es an heißen Sommertagen bei Ozonalarm Geschwindigkeitsbeschränkungen und sogar Fahrverbote für Autos.

Wie gefährlich sind Autos?

Wenn man von Kriegswaffen absieht, sind Autos die gefährlichste und tödlichste Erfindung der Menschheitsgeschichte. Seit es Autos gibt, kamen bei Verkehrsunfällen 16 Millionen Menschen ums Leben. Das ist fast die doppelte Bevölkerung Österreichs.

Warum sollte man Ballons besser nicht frei fliegen lassen?

Jeder Luftballon kehrt irgendwann einmal zur Erde zurück. Entweder er zerplatzt in großer Höhe, oder er verliert Luft und sinkt zurück. Wenn die Überreste ins Meer fallen, können sie eine tödliche Falle für Meerestiere bilden. Meeres-vögel oder Meeresschildkröten schnappen gerne nach den bunten, im Wasser treibenden Fetzen und können daran qualvoll ersticken. Auch Landtiere können sich an Gummifetzen tödlich verschlucken. Plastiktüten, die der Wind über Land und ins Meer weht, bilden eine noch viel größere Gefahr – einfach, weil es auf der Welt viel mehr Plastiktüten als Luftballons gibt.

Was geschieht in einer Müllverbrennungsanlage?

In den reichen Ländern der westlichen Welt „produziert" jeder Mensch durchschnittlich 350 Kilogramm Hausmüll pro Jahr. Diese Menge an Abfall schafft riesige Probleme. Man kann den Müll auf verschiedene Weise beseitigen. Wenn man ihn nicht auf Deponien vergräbt, verwertet man bestimmte Teile des Haushaltsmülls oder verbrennt den Abfall in großen Müllverbrennungsanlagen. Die Hitze, die dabei entsteht, kann sinnvoll verwertet werden – entweder in Kraftwerken, die Strom erzeugen, oder man speist damit Fernheizungen. Dabei wird das bei der Müllverbrennung erhitzte Wasser in Rohren in die Häuser und durch Heizkörper gepumpt.

Was ist an der Müllverbrennung so problematisch?

Müllverbrennung ist keine harmlose Angelegenheit. Beim Verbrennen des Abfalls gelangen durch den Kamin Abgase in die Luft. Umweltgifte werden in Filtern und Rauchwaschanlagen so weit wie möglich herausgefiltert. Dennoch kommen immer noch Reste von gefährlichen Schadstoffen in die Luft. Umweltschützer meinen deshalb, dass Verbrennungsanlagen das Müllproblem nicht lösen können. Besser wäre es, Müll von vornherein zu vermeiden und z.B. statt Plastiktüten Stofftaschen verwenden.

96

Was ist Recycling?

Das englische Wort Recycling (sprich Rieseikling) bedeutet wörtlich: in den Kreislauf zurückführen, also wieder verwerten. Müll wird nach den verschiedenen Grundstoffen getrennt und dann zu neuen Rohstoffen verarbeitet. Alte Glasflaschen schmilzt man wieder ein und erzeugt daraus neues Glas. Aus Altpapier wird der Grundstoff für neues Papier. So muss man keine Bäume fällen, um Holz für Papier zu haben. Organische Stoffe wie Essensreste und Pflanzenabfälle werden kompostiert. Dabei verwandeln unsichtbar winzige Tierchen, sogenannte Mikroorganismen, das Material in Erde. Recycling funktioniert am besten, wenn der Müll bereits im Haushalt vorsortiert wird in Glas, Papier, organischen Müll und in wieder verwertbare Stoffe aus Metall und Kunststoff. Der unbrauchbare Rest wird verbrannt oder deponiert, das heißt, er wird vergraben.

Gab es Umweltverschmutzung auch schon früher?

Umweltverschmutzung gab es schon früh: Im letzten Jahrhundert wurden in Fürth Spiegel hergestellt. Man benutzte als Belag Quecksilber, das wir vom Fieberthermometer kennen. Noch heute verursachen die Reste des giftigen Materials Krankheiten.

Tiere
und Pflanzen

Was ist der Unterschied zwischen Tierschutz und Artenschutz?

Der Artenschutz ist ein Teil des Umweltschutzes. Hier geht es darum, die natürlichen Kreisläufe möglichst unversehrt zu lassen. Die verschiedenen Tierarten sollen geschützt werden, damit sie ihre Aufgaben in der Umwelt weiter erfüllen können. Artenschützer schlagen Alarm, wenn bestimmte Tierarten vom Aussterben bedroht sind. Das Ziel der Tierschützer ist ein anderes. Ihnen geht es darum, einzelne Tiere (und nicht bloß gefährdete Arten) vor unnötigen Leiden zu schützen. Tierschützer sind davon überzeugt, dass jedes Tier das Recht hat, ein artgemäßes Leben zu führen – also auch solche Tiere, die nicht vom Aussterben bedroht sind. Tierschützer kümmern sich deshalb nicht nur um gefährdete Arten wie Wale oder Elefanten, sondern auch um Schweine oder Hühner, die in Mastanstalten, bei Transporten und im Schlachthaus gequält werden.

Wovon ernähren sich die riesigen Wale?

Fast alle großen Wale, zum Beispiel der Blauwal oder der Finnwal, ernähren sich von winzigen Lebewesen, die im Wasser treiben. Diese kleinen Tiere und Pflanzen, hauptsächlich Krebse und Algen, nennt man Plankton. (Das griechische Wort bedeutet „herumirrend".) Plankton treibt mit den Meeresströmungen mit. Die großen Wale saugen das Meer-

99

wasser ins Maul und spucken es wieder aus. Das Plankton bleibt in einer Art Kamm, den sogenannten Barten, hängen und wird anschließend verschluckt. Der Schlund der riesigen Bartenwale ist so eng, dass sie größere Tiere gar nicht fressen könnten. Der einzige Großwal, der größere Tiere frisst, ist der Pottwal. Er ist aber kein Bartenwal, sondern gehört zu den Zahnwalen und macht Jagd auf Fische und Kraken.

Gibt es Säugetiere, die niemals schlafen?

Die Delfine schlafen niemals wirklich und bleiben ihr Leben lang in Bewegung. Diese Tiere können abwechselnd die eine und dann wieder die andere Hälfte des Gehirns abschalten. Der schlafende Teil des Gehirns ruht sich aus, während der andere weiterarbeitet.

Sind Gorillas größer als Menschen?

Sie sind gleich groß. Menschen und Gorillas messen durchschnittlich 175 Zentimeter. Gorillas sind allerdings doppelt so schwer und um ein Vielfaches stärker. Ein ausgewachsener Gorilla kann einen Kleinwagen mühelos aufheben.

Welches ist das größte Wildtier in Deutschland?

Der Rothirsch. Er kann 2,5 Meter lang und bis zu 250 Kilogramm schwer werden. Der größte Allesfresser unserer Wälder ist das Wildschwein. Es wird ungefähr zwei Meter lang und 300 Kilogramm schwer. Wildschweine fressen unter anderem Eicheln und Nüsse, Gras und Pilze, Aas und Insekten, Würmer und sogar Mäuse.

Woraus bestehen Badeschwämme?

Badeschwämme sind die weichen Skelette von Schwämmen. Das sind einfach gebaute Meerestiere, die weder ein Nervensystem noch Sinnesorgane haben. Sie sitzen am Meeresgrund fest und ernähren sich von winzigen Pflanzen und Tierchen, die im Wasser schweben. Ihr Skelett ist weich und saugfähig. Schwammtaucher pflücken die Schwämme vom Meeresboden. Heute werden jedoch die meisten Schwämme für Bad und Küche aus Kunststoff hergestellt.

Wie erkennt man, ob ein Wildtier Tollwut hat?

Die Tollwut ist eine gefährliche Infektionskrankheit. Wenn ein Mensch von einem tollwütigen Tier gebissen und nicht rechtzeitig behandelt wird, muss er in den meisten Fällen sterben. Ein tollwütiges Wildtier, zum Beispiel ein Reh oder einen Fuchs, erkennt man anfangs daran, dass das Tier seine natürliche Scheu verloren hat. Es wird nett und zutraulich und nähert sich ohne Angst dem Menschen. Da ist Vorsicht geboten! Wenn die Krankheit weiter fortgeschritten ist, zeigen die Tiere die typischen Anzeichen von Tollwut: Speichel

fließt ihnen aus dem Maul und sie beißen wild und hemmungslos zu. Die anfängliche Zutraulichkeit tollwutkranker Tiere ist ein raffinierter Trick des Tollwuterregers. Er verändert das Gehirn der Tiere. Sie verlieren ihre natürlichen Instinkte und nähern sich – scheinbar harmlos – anderen Lebewesen.

Frisst der Vielfraß mehr als andere Tiere?

Der Vielfraß ist ein großer nordeuropäischer Marder. Er frisst nicht mehr als andere Raubtiere. Zu seinem merkwürdigen Namen ist er durch einen Irrtum gekommen. Das norwegische Wort „Fjellfross" bedeutet Fjell-Katze. (Fjell ist das skandinavische Hochland.) Und Fjellfross klingt ganz ähnlich wie Vielfraß.

Wozu brauchen Leuchtkäfer ihr Licht?

Leuchtkäfer und andere leuchtende Tiere haben spezielle Organe, die Nahrung chemisch so umwandeln, dass Leuchtstoff entsteht. Reflektoren und Linsen bündeln das schwache Licht. Damit locken die Weibchen ihre Geschlechtspartner an. Glühwurmmännchen sind in der Nacht unsichtbar. In Deutschland gibt es nur drei Arten von Leuchtkäfern. Die bekanntesten sind die Glühwürmchen oder Johanniswürmchen. Weltweit existieren etwa 2 000 Arten. Der leuchtendste aller Käfer ist der südamerikanische Leuchtschnellkäfer. 40 Exem-

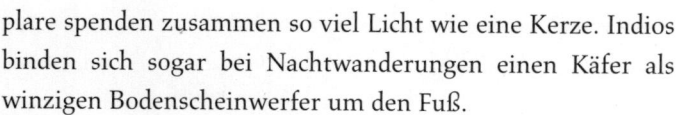

plare spenden zusammen so viel Licht wie eine Kerze. Indios binden sich sogar bei Nachtwanderungen einen Käfer als winzigen Bodenscheinwerfer um den Fuß.

Warum können Vögel nicht wie Hubschrauber in der Luft stehen?

Fast alle Vogelarten sind so gebaut, dass der nötige Auftrieb nur beim Vorwärtsflug entsteht. Sie schlagen mit den Flügeln, um voranzukommen. Gleichzeitig streicht Fahrtwind an den Schwingen vorbei und hebt die Tiere hoch. Die wichtigste Ausnahme bilden die Kolibris. Diese winzigen Vögel beherrschen den Schwirrflug. Sie schlagen mit den Flügeln rasend schnell wie Fluginsekten auf und ab und können daher in der Luft stehen. Unter den einheimischen Vögeln beherrscht diese Kräfte raubende Flugart z. B. auch der Turmfalke. Für kurze Zeit kann er flatternd in der Luft verharren und nach Beutetieren Ausschau halten. Diese Flugart nennt man Rüttelflug.

Welches ist das stärkste Raubtier der Erde?

Der Schwertwal, auch Orca oder Mörderwal genannt. Der zehn Meter lange Meeressäuger ist mit den Delfinen verwandt. Er frisst Pinguine, Robben und Kleinwale, darunter auch Delfine. Menschen gegenüber verhält sich der Schwertwal allerdings freundlich.

103

Was machen die Walrösser mit ihren mächtigen Hauern?

Die mächtigen, über eine Tonne schweren Meeressäugetiere ernähren sich von Muscheln und Schnecken. Mit ihren großen Hauern graben sie Muscheln am Meeresgrund aus. In der Paarungszeit setzen die Bullen ihre Hauer auch als Waffe ein, mit der sie Konkurrenten vertreiben.

Was fressen Eichhörnchen am liebsten?

Eichhörnchen fressen am liebsten die Samen aus den Tannenzapfen. Pro Tag kann ein Eichhörnchen mehr als 100 Tannenzapfen ausrauben; es frisst die kleinen Samen, die unter den Schuppen des Zapfens verborgen sind. Eichhörnchen mögen auch Nüsse sehr gern, rauben aber auch Vogelnester aus und fressen die Eier. In Europa gibt es zwei Arten von Eichhörnchen: das Rote Eichhörnchen und das Grauhörnchen, das aus Amerika stammt.

Welchem Vogel verdanken wir die Eichen- und Buchenwälder?

104

Dem Eichelhäher. Der Vogel frisst nicht nur die Samen dieser Bäume, nämlich Eicheln und Bucheckern. Er vergräbt auch Massen davon in der Erde. Einige von ihnen keimen und damit pflanzt er ganze Wälder an.

Warum haben die Afrikanischen Elefanten größere Ohren als die Indischen?

Die Afrikanischen Elefanten leben meist in Steppengebieten mit wenigen Bäumen. Sie sind der prallen Sonne ausgesetzt. Die riesigen Ohren dienen als Kühler, sie strahlen Körperwärme ab. Die Indischen Elefanten brauchen keine so großen Ohren, denn ihre Urheimat sind schattige Wälder.

Wieso nennt man Reptilien auch Kriechtiere?

Manche Arten von Kriechtieren können auch laufen, schwimmen und klettern. Doch die typischen Reptilien bewegen sich an Land kriechend voran – daher auch der deutsche Name Kriechtier für die Reptilien. Als man vor 250 Jahren die Tierwelt systematisch einteilte, war noch unbekannt, dass einige der ausgestorbenen „Kriechtiere" wie Vögel fliegen konnten. Sonst hätte man vielleicht einen anderen Namen für diese Tiere erfunden.

Wie entdeckt eine jagende Eule in der Nacht ihre Beute?

In finsterer Nacht helfen den Eulen auch ihre großen Augen nichts. Sie verlassen sich auf ihre ungeheuer scharfen Ohren und orientieren sich hauptsächlich nach Geräuschen. Das leise Rascheln einer Maus genügt der auf einem Ast sitzen-

105

den Eule, um ihr Opfer zu orten und zu fangen. Bei Experimenten wurden einer Eule sogar die Augen verbunden. Dennoch erwischte sie die Maus. Die Eule selbst kann reglos wie ein Stück Holz verharren. Ihr sieht man nicht einmal an, ob sie atmet. Beim Ausatmen plustern sich die Brustfedern auf, beim Einatmen sinken sie zusammen. Der Brustkorb hebt und senkt sich zwar, doch die Gestalt erscheint reglos.

Gibt es Kängurus, die auf Bäumen leben?

Die Baumkängurus leben in den Wäldern von Australien und Neuguinea. Ihre Arme und Hände sind kräftiger als die ihrer auf dem Boden lebenden Verwandten.

Warum soll man Kätzchen nicht mit Kuhmilch füttern?

Junge Katzen, aber auch die meisten erwachsenen Katzen schlecken gerne Kuhmilch, bekommen davon aber sehr leicht Durchfall. Sie können nämlich bestimmte Inhaltsstoffe der Kuhmilch nicht verdauen. Das ist kein Wunder – schließlich ist Kuhmilch das ideale Nahrungsmittel für Kälber und nicht für Kätzchen. Auch viele Menschen vertragen keine Kuhmilch. Katzenbabys sollten deswegen Katzenmilch trinken, erwachsene Katzen Wasser. Für kleine Kätzchen, die ohne Muttermilch großgezogen werden, gibt es eine spezielle Nährflüssigkeit.

Wieso überstehen Katzen einen Sturz aus großer Höhe?

Eine Katze, die aus größerer Höhe aus dem Fenster fällt, tut sich meistens nicht weh. Sie hat im Fall genug Zeit, sich geschickt in der Luft zu drehen, und landet sicher auf allen vieren. Oft haben Katzen schon Stürze aus Hochhäusern unbeschadet überstanden. Viel gefährlicher für eine Katze ist ein Sturz aus einer Höhe von zwei oder drei Metern. Denn in diesem Fall besteht die Gefahr, dass sie sich nicht mehr umdrehen kann und unter Umständen auf den Rücken fällt.

Können Hummeln stechen?

Die dicken, etwa zwei Zentimeter langen Hummeln gelten als recht harmlos. Doch auch sie haben einen Stachel. Zum Glück stechen sie damit viel seltener zu als ihre Verwandten, die Honigbienen.

Welche Wildtiere sind mit den Hunden am engsten verwandt?

Unsere Haushunde gehören zu der Gruppe der hundeartigen Raubtiere. Sie stammen vermutlich von den Wölfen ab. Zu den Verwandten der Hunde gehören Wölfe, Schakale, Füchse und Hyänen. Seit mindestens 10 000 Jahren leben Haushunde in Gemeinschaft mit Menschen als Wachhunde, Hirtenhunde

107

und Jagdhunde. Hunde und Wölfe sind so eng miteinander verwandt, dass sie gemeinsame Nachkommen haben können.

Können verschiedene Tierarten gemeinsame Nachkommen haben?

Tiere verschiedener Arten können gemeinsame Nachkommen haben, wenn diese Arten eng miteinander verwandt sind. Beispielsweise kann man Tiger und Löwen miteinander kreuzen; das Junge ist dann ein „Mittelding". Die Paarung gelingt aber nur im Tiergarten, denn in der Natur begegnen sich diese Raubkatzen kaum jemals. Tiger leben in Asien, Löwen fast nur in Afrika. Auch Esel und Pferde sind einander so ähnlich, dass sie miteinander Junge haben können. Weitere Nachkommen können diese „Mischtiere" freilich untereinander nicht haben.

Welches ist das größte Landtier, das dem Menschen jemals begegnet ist?

Als die ersten Menschen auf der Erde umherstreiften, waren die größten Landtiere aller Zeiten, die Dinosaurier, seit vielen Millionen Jahren ausgestorben. Trotzdem gab es in der Frühzeit der Menschen noch Giganten. Das Mammut beispielsweise wurde 4,5 Meter hoch. Diese dicht behaarten elefantenartigen Giganten starben vor 10 000 Jahren aus, vielleicht wurden sie sogar von menschlichen Jägern ausgerottet. Heu-

tige Elefanten erreichen höchstens vier Meter Schulterhöhe. Größer als die Mammuts werden heute aber die Giraffen, die ihren Kopf in einer Höhe von fünf bis sechs Metern tragen.

Wovon ernähren sich die Meeressäugetiere?

Fast alle Meeressäugetiere wie die Wale, Delfine und Robben sind Jäger. Sie erbeuten Fische und andere Meerestiere. Auch die riesigen Blauwale ernähren sich von Tieren, nämlich von winzigen Fischen und Krebsen. Nur ein einziges Meeressäugetier ist ein friedlicher Pflanzenfresser: die Seekuh. Sie weidet Algen. Die nächsten Verwandten der Seekühe sind die Elefanten. Die Wale, Delfine und Robben haben ihre Verwandten unter den Bären und Mardern.

Warum reißt das Nilpferd sein Maul so weit auf?

Nilpferde können ihr mächtiges Maul sehr weit aufklappen. Dabei zeigen sie ihre langen Eckzähne. Mit diesen dolchartigen Hauern kämpfen die Nilpferdbullen um die Rangordnung in der Gruppe oder um die besten Weideplätze am Flussufer. Dabei gibt es manchmal sogar Tote. Flusspferde sind die einzigen Pflanzen fressenden Säuger, bei denen die Männchen bis zum bitteren Ende um ein Weibchen kämpfen. Um andere Tiere abzuwehren, haben Nilpferde noch eine andere Waffe: ihren betäubenden Mundgeruch. Wenn sie ihr Maul aufreißen, nehmen andere Tiere sofort Reißaus. Der

109

Mundgeruch ist so stark, dass ein Mensch davon ohnmächtig werden kann.

Warum können Nilpferde so gut schwimmen?

Nilpferde und ihre Verwandten, die Zwergflusspferde, verbringen den größten Teil ihres Lebens im Wasser. Sie können beim Tauchen ihre Nasen verschließen. Zwischen den Zehen haben sie Schwimmhäute, mit deren Hilfe sie im Wasser schnell vorankommen. Nilpferde sind unbehaart. Ihre empfindliche Haut schützen sie mit einem öligen Sekret, das von Hautdrüsen ausgeschieden wird. Diese „Creme" hat eine rötliche Farbe. Früher dachte man, Nilpferde würden Blut schwitzen, und stellte die Tiere in Zoos als „blutige Monster" aus.

Wie kalt ist das Blut der kaltblütigen Tiere?

Das Blut der Kaltblüter ist stets so warm wie ihre Umgebung. Bei Hitze sind sie lebhaft, bei Kälte starr und träge. Man nennt sie deshalb auch wechselwarme Tiere. Zu ihnen zählen die Reptilien, die Amphibien (zum Beispiel die Frösche) und die Fische. Wechselwarme Tiere heizen sich in der heißen Sonne auf 50 und mehr Grad auf. Damit werden sie wärmer als die warmblütigen Tiere, die alle eine konstante Körpertemperatur haben. Für Warmblüter wären so hohe Temperaturen tödlich.

110

Gibt es Schmetterlinge, die Blut saugen?

Bei fast allen Tiergruppen gibt es Arten, die sich darauf spezialisiert haben, anderen Tieren das Blut aus dem Körper zu saugen. Blut saugende Säugetiere sind zum Beispiel die südamerikanischen Vampirfledermäuse. Unter den Insekten haben sich vor allem die Stechmücken auf Blut spezialisiert. Es gibt sogar Blut saugende Schmetterlinge. Ein asiatischer Nachtfalter hat einen haarfeinen Stachelrüssel, den er fast einen Zentimeter tief in den Körper seines Opfers senkt.

Wie frisst der Seestern seine Beute?

Seesterne sind räuberische Meeresbewohner aus der Klasse der Stachelhäuter. Ihr Körper besteht aus einer Scheibe und mindestens fünf Armen. Beim Fressen stülpt der Seestern seinen Magen aus, umschließt das Beutetier und verdaut es.

Sind alle Haie gefährlich?

Nur wenige der zahlreichen Haiarten sind für den Menschen so gefährlich wie etwa der riesige Weiße Hai. Doch selbst der Weißhai oder der nicht weniger bedrohliche Blauhai greift Menschen nur in Ausnahmesituationen an – zum Beispiel, wenn er einen Schwimmer mit einer Robbe verwechselt. Die meisten Haiarten sind klein und menschenscheu. Viele von ihnen leben auf dem Meeresgrund, wo sie nach unvorsich-

111

tigen Fischen schnappen. Der harmloseste aller Haie ist zugleich der größte: Der Walhai wird über zehn Meter lang, schwimmt nur sehr langsam und frisst – wie große Wale – ausschließlich winzige Meerestiere.

Warum kommen Regenwürmer bei Regen nach oben?

Sobald es zu regnen beginnt, wühlen sich Regenwürmer nach oben. Sie spüren die winzigen Erschütterungen der Regentropfen, die auf die Erde aufplatschen. Das ist für sie das Signal, die tiefer liegenden Gänge zu verlassen und an die Oberfläche zu fliehen. Starker Regen könnte die tiefen Gänge überfluten und die Würmer würden ertrinken. Bei Trockenheit ziehen sie sich wieder in tieferes Erdreich zurück.

Warum sieht man am Straßenrand oft so viele Vögel?

Dicht neben viel befahrenen Straßen sieht man häufig Amseln, die am Straßenrand Würmer aus der Erde picken. Hier kommen die Würmer häufiger an die Oberfläche als anderswo, denn vorbeifahrende Autos erschüttern den Untergrund. Ihr Instinkt befiehlt den Würmern, bei Erschütterungen an die Oberfläche zu kommen. Man könnte sagen, sie verwechseln die Autos mit aufprallenden Regentropfen. Und wo es viele Würmer gibt, dort halten sich Amseln und andere Vögel

gerne auf. Auch für Raben, Krähen, Elstern und andere Aas fressende Vögel ist eine Straße oft ein reich gedeckter Tisch, da sehr häufig kleine Tiere überfahren werden.

Kann sich ein Chamäleon tarnen?

Chamäleons sind baumbewohnende tropische Echsen, die Insekten mit ihrer klebrigen Peitschenzunge fangen. Ihre Färbung kann sich verändern. Ein Chamäleon ändert seine Hautfarbe jedoch nicht, um sich vor eventuellen Feinden zu schützen. Der Farbwechsel erfolgt einfach, wenn sich das Tier wohlfühlt oder ärgert, wenn es Hunger hat oder wenn ihm kalt oder warm ist.

Warum fressen Krokodile Steine?

Krokodile liegen gerne dicht unter der Wasseroberfläche auf Lauer. Dann schauen nur ihre Nasenlöcher und Augen aus dem Wasser. Diese Lauerstellung können die Krokodile aber nur halten, wenn sie schwer genug sind. Deshalb fressen Krokodile Steine. Dieser Ballast im Magen zieht sie unter Wasser. Ohne Steine im Magen würde ihr Rücken auftauchen, und sie wären schon von Weitem sichtbar. Die Magensteine haben auch noch einen anderen Zweck. Sie zerquetschen die Nahrung und helfen dem Krokodil bei der Verdauung. Krokodile sind nicht die einzigen Steine fressenden Tiere. Auch Vögel, zum Beispiel die Hühner, schlucken Steinchen, die

113

dem Magen bei der Arbeit helfen. Selbst manche der riesigen Pflanzen fressenden Dinosaurier fraßen Steine. Sie hatten kräftige Kaumägen und die Steine im Magen zerquetschten das Grünfutter zu Brei.

Seit wann gibt es Hauskatzen?

Unsere Hauskatze stammt von der Falbkatze, einer Wildkatzenart, ab. Die ältesten Bilder von Katzen, die sich in menschlichen Behausungen aufhalten, sind 4500 Jahre alt. Vermutlich wurden die Katzen von den Menschen geduldet, weil sie Ratten und Mäuse fingen. Man ist sich aber nicht sicher, ob es sich schon um zahme Katzen handelte oder um Wildkatzen, die in Scheunen und Speichern auf Jagd gingen. Zahme Hauskatzen gab es im alten Ägypten. Dort galten sie als heilige Tiere der Göttin Bastet, die man als Beschützerin des Hauses und der Familien verehrte. Nach Europa kam die Hauskatze erst mit den Römern vor etwa 2000 Jahren.

Wedeln auch Katzen mit dem Schwanz?

Der Schwanz der Katze dient hauptsächlich dazu, die Balance zu halten: Katzen sind ganz hervorragende „Seiltänzer". Eine Zuchtart freilich – die Rexkatze – wedelt wirklich wie ein Hund mit dem Schwanz, wenn sie sich freut. Man nennt sie deswegen (und wegen ihres gekräuselten Fells) auch „Pudelkatze".

114

Wie schnell kann ein Maulwurf graben?

Ein Maulwurf braucht für einen Meter Tunnelbau sechs Minuten. Das entspricht einer Grabgeschwindigkeit von einem hundertstel Kilometer oder zehn Meter in der Stunde. An einem Arbeitstag könnte der Maulwurf also einen Fußballplatz vom einen Ende zum anderen untergraben. Schnecken an der Oberfläche sind ein ganzes Stück langsamer und brauchen für einen Meter Kriechstrecke etwa acht Minuten.

Woran erkennt man, ob kleine Fischarten scheu oder aggressiv sind?

An der Färbung: Auffällig bunte Fische, zum Beispiel viele kleine tropische Meeresfische, sind meistens aggressiv. Sie neigen eher dazu, mit ihren Farben Angreifer oder Rivalen zu erschrecken. Die Leuchtfarben sind also Warnfarben. Dagegen sind unauffällig gefärbte Arten in der Regel scheu. Diese Fische suchen sich bei Gefahr lieber Verstecke. Dabei helfen ihnen ihre Tarnfarben.

Was fressen Tausendfüßer?

Tausendfüßer sind normalerweise harmlose Pflanzenfresser. Sie meiden das Licht und ernähren sich von abgestorbenen Pflanzen. Tausendfüßer gibt es in zahlreichen Arten mit so sonderbaren Namen wie „Gerandeter Saftkugler" oder

115

„Pinselfüßer". Die kleinsten Tausendfüßer werden einen Millimeter, die größten 30 Zentimeter lang. Zu den Tausendfüßern gehören aber auch die räuberischen Hundertfüßer. Sie haben Greifzangen und sind oft giftig. Ihr Biss kann auch für Menschen gefährlich sein.

Wie nutzt der Pottwal den Wasserdruck beim Beutefang?

Zu den besten Tauchern gehört der Pottwal. Dieser riesige, mit den Delfinen verwandte Wal jagt die in der Tiefsee hausenden Riesenkalmare. Das sind Kraken mit bis zu 20 Meter langen Fangarmen. Pottwale tauchen bis zu zwei Kilometer tief, um Riesenkalmare zu erbeuten: Sie packen den Kraken und ziehen ihn hoch. Pottwale können den wechselnden Wasserdruck ausgleichen, während ihre Opfer beim Auftauchen in geringen Wassertiefen bewusstlos werden.

Was haben alle Nagetiere gemeinsam?

Sämtliche Nagetiere haben große Schneidezähne, die ständig nachwachsen. Beim Nagen werden sie abgeschliffen und schärfen sich. Gibt es nur weiches Futter und nichts zum Nagen, wachsen die Nagezähne immer weiter. Das Tier kann das Maul nicht mehr zuklappen und verhungert. Zu den Nagetieren gehören unter anderem die Ratten, Mäuse, Siebenschläfer und Stachelschweine. Das Wasserschwein ist das größte aller Nagetiere. Wasserschweine oder Capybaras leben im Amazonasgebiet und werden 50 Kilogramm schwer. Die Hasen sind übrigens keine Nagetiere.

Was ist der Unterschied zwischen Schmetterlingen und Nachtfaltern?

Schmetterlinge falten ihre Flügel nach oben, Nachtfalter wie die Motten schlagen sie nach unten ein. Motten sind Schmetterlinge, die hauptsächlich in der Nacht fliegen. Viele Arten sind Vorratsschädlinge. Ihre Raupen machen sich über Obst und Getreidekörner her. Die Raupen anderer Mottenarten fressen Federn, Pelze und Wolle. Dazu gehören die Pelzmotten und die Kleidermotten.

Wann verlieren Vögel ihre Federn?

Vögel tauschen ihr Federkleid mindestens einmal jährlich komplett aus. Man nennt das die Mauser. Die neue Feder schiebt nach, die alte fällt aus. Manche Vögel kommen sogar zweimal jährlich in die Mauser. Bei ihnen sieht das Sommerkleid anders aus als das Wintergefieder. Meistens geschieht der Federwechsel nach und nach, sodass die Vögel immer noch genug Schwungfedern zum Fliegen haben. Manche Arten, wie Gänse und Enten, verlieren ihre Schwungfedern auf einmal. Sie können eine Zeit lang nicht fliegen und müssen sich im Sumpfdickicht verstecken, bis sie wieder fliegen können.

117

Was ist der Unterschied zwischen Seelilien und Seerosen?

Seelilien sind primitive Meerestiere. Sie sind mit den Seesternen verwandt. Anders als die Seesterne, die auf dem Meeresgrund herumkrabbeln können, sind Seelilien auf dem Meeresgrund angewachsen. Sie haben eine entfernte Ähnlichkeit mit Blumen – daher der Name. Seerosen dagegen sind echte Pflanzen.

Woraus bauen die winzigen Kolibris ihre Nester?

Kolibris bauen ihre Nester aus Spinnweben. Selbst die winzigsten Zweige wären als Baumaterialien für die haselnussgroßen Nester noch zu mächtig.

Was unterscheidet Reptilien von Säugetieren und Vögeln?

Die Reptilien, auch Kriechtiere genannt, sind Wirbeltiere. Das heißt, sie haben, wie Vögel, Fische, Amphibien und Säugetiere, ein starres, innen liegendes Knochengerüst mit einer Wirbelsäule. Zu ihnen gehören die Schlangen, Krokodile, Eidechsen und Schildkröten. Die Reptilien werden an Land geboren und atmen Luft. Das unterscheidet sie auf der einen Seite von den Amphibien und Fischen. Amphibien, zum Bei-

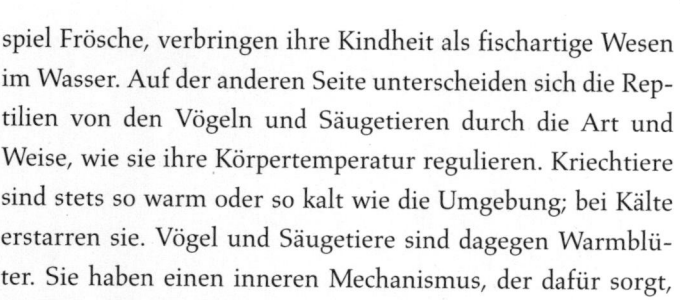

spiel Frösche, verbringen ihre Kindheit als fischartige Wesen im Wasser. Auf der anderen Seite unterscheiden sich die Reptilien von den Vögeln und Säugetieren durch die Art und Weise, wie sie ihre Körpertemperatur regulieren. Kriechtiere sind stets so warm oder so kalt wie die Umgebung; bei Kälte erstarren sie. Vögel und Säugetiere sind dagegen Warmblüter. Sie haben einen inneren Mechanismus, der dafür sorgt, dass die Körpertemperatur stets gleich bleibt.

Wie groß können knochenlose Tiere werden?

Das größte Tier ohne Knochengerüst ist der Riesenkalmar. Dieses gigantische tintenfischartige Meerestier hat bis zu 20 Meter lange Fangarme und wiegt bis zu vier Tonnen. Es lebt in der Tiefsee. Knochenlose Tiere, die auf dem Land leben, können längst nicht so groß werden wie der Kalmar oder wie große Wirbeltiere. Ohne inneres Knochengerüst würden sie unter ihrem eigenen Gewicht zusammenbrechen. Deshalb sind die meisten knochenlosen Landtiere – zum Beispiel die Insekten, Spinnen, Schnecken – verhältnismäßig klein und leicht.

Welche Tiere bauen ein Korallenriff?

Das größte von Lebewesen erzeugte Bauwerk der Erde ist nicht die Chinesische Mauer. Es ist das Große Barrier-Riff vor Australien. Das 2 000 mal 250 Kilometer große Korallen-

119

riff wurde von winzigen, ein Zentimeter langen Meerestierchen geschaffen, den Korallen, die absterben und ihr Kalkgerippe zurücklassen.

Welches Tier setzt man zur Suche nach Pilzen ein?

Schweine haben einen äußerst feinen Geruchssinn – und sie wühlen mit ihrer Schnauze gern in der Erde. Deshalb setzt man sie in Frankreich gern auf der Suche nach Trüffeln ein. Das sind feine, sehr teure Speisepilze, die unter der Erde wachsen. Man legt das Trüffelschwein an die Leine und lässt es in den Wäldern suchen. Die Schweine wittern die delikaten Pilze durch die obere Erdschicht und fangen an zu wühlen. Nun kennt man den Trüffelplatz und zieht das arme Schwein weg. Es wird mit billigem Futter abgespeist und die Trüffelsucher graben die Trüffeln selbst aus.

Wie schaffen es die Küken, die Eischale aufzubrechen?

Küken haben einen sogenannten Eizahn, mit dem sie vor dem Schlüpfen das Ei von innen her aufbrechen. Der Eizahn ist jedoch kein richtiger Zahn, sondern ein harter Auswuchs oben am Schnabel. Diese Hornwarze fällt bald nach dem Schlüpfen ab, weil sie nicht mehr gebraucht wird. Ausgewachsene Vögel haben keine Zähne.

Wie weit fliegt eine Biene für ein Kilogramm Honig?

Um den Nektar für ein Kilogramm Honig zu sammeln, müsste eine einzelne Biene insgesamt 40 000 Kilometer zwischen Bienenstock und Futterquelle zurücklegen. Das entspricht einem Flug rund um die Erde. Natürlich schafft das eine Biene nicht allein. Ein aus vielen Tausend Bienen bestehendes Bienenvolk erzeugt pro Jahr nur etwa 20 Kilogramm Honig.

Wie entsteht eine Perle?

Perlen sind keine Edelsteine, sondern werden von bestimmten Muscheln, nämlich von Austern, erzeugt. Wenn ein kleiner Fremdkörper, zum Beispiel ein Sandkorn, in das Innere der Muschel und unter die Schale gerät, macht ihn die Auster unschädlich. Sie produziert ein Material namens Perlmutt, das hart wird und den Eindringling Schicht für Schicht umkleidet. Auf diese Weise kann ein winziges Perlchen im Laufe von Jahren zu einer großen Perle heranwachsen.

Wozu brauchen Zebras ein Tarnkleid?

Zebras sind weiß (oder zumindest weißlich) mit schwarzen Streifen. Ihr Tarnkleid brauchen sie nicht, um sich vor Löwen und anderen Raubtieren zu verstecken. Im Gegenteil, ihr gestreiftes Fell ist in der graubraunen oder grünen Steppe sogar

121

ziemlich auffällig. Mit ihrer Zeichnung verwirren die Zebras einen anderen Feind, der viel kleiner und gefährlicher ist: die Tsetsefliege. Diese Stechmücke überträgt die gefürchtete Schlafkrankheit. Auf Zebras stürzen sich die Tsetsefliegen weniger häufig als auf andere Tiere. Offensichtlich kommen sie durch das Streifenmuster durcheinander und wissen nicht, wohin sie sich setzen sollen.

Weltraum

Kann man im Weltraum eine vorbeifliegende Rakete hören?

In vielen Sciencefictionfilmen hört man, wie Raumschiffe durch das All donnern. Das ist sehr beeindruckend, aber völlig falsch. Raketen im Weltraum kann man nicht hören – weil es im Weltraum keine Luft gibt. Schall kann sich nur in Gasen, Flüssigkeiten oder festen Körpern fortpflanzen. Er braucht ein Medium, das er ins Schwingen bringen kann. Im Weltraum aber herrscht Vakuum. Es ist leer. Der Schall kann nicht weitertransportiert werden. Angenommen, ein riesiger Komet würde auf den Mond stürzen. Dann würden wir die gigantische Explosion sehen können, denn Licht durchdringt den leeren Weltraum. Aber wir würden keinen Ton hören. Und genauso wenig würden wir die Triebwerke eines Raumschiffs hören, das durch das Weltall fliegt.

In welche Richtung zeigt der Schweif eines Kometen?

Der Schweif eines Kometen ist immer von der Sonne abgewandt, egal, in welche Richtung der Komet fliegt. Der Schweif entsteht, wenn der Druck der Sonnenstrahlen leuchtende Teilchen vom Kometen forttreibt. Der Kometenschweif sagt also nichts über die Flugrichtung des Kometen aus. Die leuchtenden Teilchen, die wir aus weiter Entfernung als Kometenschweif erkennen, sind übrigens äußerst dünn gesät.

Wenn die Erde in den leuchtenden Schweif eines Kometen gerät, passiert gar nichts. Die Erde kann den viele Millionen Kilometer langen Schweif ungehindert durchqueren. Zuletzt war dies im Jahr 1861 der Fall.

Was ist ein Satellit?

Satelliten sind kleine künstliche Himmelskörper, die auf der Erde zusammengebaut und von Raketen in den Himmel geschossen werden. Sie umkreisen in großen Höhen die Erde. Satelliten dienen verschiedenen Zwecken. Nachrichtensatelliten fangen Funksignale auf und werfen sie auf die Erde zurück. Auf diese Weise können Telefongespräche rund um den Erdball übertragen werden, oder es werden Fernsehsendungen zur Erde gestrahlt. Wettersatelliten beobachten das Wettergeschehen und melden die Daten an die meteorologischen Stationen. Spionagesatelliten nehmen scharfe Bilder von der Erdoberfläche auf und können erkennen, ob sich irgendwo in abgelegenen Gebieten Fahrzeuge und Truppen sammeln. Forschungssatelliten liefern den Wissenschaftlern Informationen über Ereignisse wie die Ausdehnung von Gletschern oder Wüsten. Manche Satelliten haben leistungsfähige Teleskope eingebaut. Vom Weltraum aus ist der Blick auf die Sterne nicht durch Dunst oder Staub in der Lufthülle behindert. Die Fernrohrsatelliten senden die Bilder als eine Art Fernsehbild auf die Erde, wo sie dann für die Wissenschaft ausgewertet werden.

Wie kommen Satelliten in den Himmel?

Fast alles, was wir in den Himmel schießen, fällt auf die Erde zurück: Pfeil, Ball, Kanonenkugel – alle Dinge fallen nach längerem oder kürzerem Flug auf die Erde zurück. Sie verlieren den Schwung, der sie hochtreibt, und die Schwerkraft holt sie wieder auf den Boden. Schwerkraft nennen wir die Kraft, die große Massen (wie die Erde) auf andere Körper (wie Pfeil, Ball oder Kanonenkugel) ausüben. Bis zur Erfindung der modernen Weltraumtechnik war es unmöglich, ein Geschoss mit einer so hohen Geschwindigkeit in den Himmel zu schießen, dass es nicht mehr auf die Erde zurückfiel. Diese Geschwindigkeit nennt man Fluchtgeschwindigkeit. Sie beträgt etwa 41 000 Kilometer pro Stunde. Das ist das 50fache Tempo eines Passagierjets. Solche Geschwindigkeiten können nur von Raketen erreicht werden. Sie befördern Satelliten so hoch in den Himmel hinauf, dass sie nicht mehr auf die Erde zurückfallen können. Sie kreisen um unseren Planeten.

Warum bleiben Wettersatelliten immer am selben Ort?

Wettersatelliten liefern ständig Bildserien vom Wettergeschehen tief unter ihnen auf der Erde. Die Bilder werden von Computern zu Filmen verarbeitet, die zeigen, wie sich Wolken entwickeln und Wetterfronten über die Erde schieben. Diese und viele andere Informationen, die Wettersatelliten

auf die Erde funken, helfen den Meteorologen, eine Voraussage über das Wetter der kommenden Tage zu machen. Wichtig dabei ist, dass der Satellit immer vom selben Punkt im Weltraum aus seine Bilder fotografiert. Er fliegt gerade so schnell, dass er sich mit der Erde mitdreht. Von der Erde aus gesehen kreist er aber nicht, sondern steht still. Wir können ihn natürlich nicht sehen. Dazu ist ein Wettersatellit viel zu weit von der Erde entfernt. Seine Höhe beträgt 36 000 Kilometer. Schon ein Flugzeug, das in sieben Kilometern Höhe fliegt, ist mit bloßem Auge nicht mehr zu sehen – und der Satellit ist 5 000-mal so weit entfernt.

Welche Raketen können wieder auf der Erde landen?

Normale Raketen sind für einen einmaligen Gebrauch gebaut. Sie schießen Lasten wie Satelliten oder Raumkapseln in die Erdumlaufbahn und brennen dabei aus wie Feuerwerkskörper. Raumfähren dagegen sind wieder verwertbare Raumschiffe. Sie sehen aus wie dicke Düsenflugzeuge mit kleinen Stummelflügeln. Beim Start wird die Raumfähre (der Spaceshuttle) huckepack auf einer Trägerrakete befestigt und von der Rakete in den Weltraum transportiert. Tank und Startraketen fallen auf die Erde zurück, doch die Raumfähre selbst kann im Weltraum selbstständig manövrieren. Die Astronauten setzen Satelliten aus oder transportieren Forscher in Weltraumlabors, die die Erde umkreisen. Wenn sie ihre Auf-

127

gabe erfüllt haben, steuert der Pilot seine Raumfähre auf die Erde zurück. Dank ihrer hohen Geschwindigkeit kann die Raumfähre auf ihren kleinen Tragflächen auf einer langen Landebahn wie ein Segelflugzeug aufsetzen und ist zu einem weiteren Flug bereit.

Wie können Astronauten in der Schwerelosigkeit schlafen?

Auf der Erde wissen wir immer genau, wo unten und oben ist: Unten ist dort, wo die Dinge hinfallen, die wir fallen lassen. In einer Raumstation, die die Erde umkreist, ist das ganz anders. Auf die Astronauten wirkt keine Schwerkraft ein. Sie und alle Dinge im Raumschiff befinden sich im schwerelosen Zustand. Alles, was nicht befestigt ist, schwebt herum. Das bringt viele Probleme, die uns auf der Erde völlig unbekannt sind. Weil es kein Unten und kein Oben gibt, müssen die Astronauten zum Schlafen in einen Schlafsack kriechen, der an der Wand – oder am Boden oder an der Decke – angebunden ist. Sonst würden sie im Schlaf durch die Gegend schweben. Auch bei einfachen Tätigkeiten müssen sie sich festhalten. Es ist fast unmöglich, einen Hammerschlag zu tun, ohne selbst herumzuwirbeln. Viele Werkzeuge, die Astronauten im Weltall benutzen, mussten für den Gebrauch in der Schwerelosigkeit speziell konstruiert werden. Für das richtige Verhalten in der Schwerelosigkeit müssen Astronauten in montelangen Trainings vorbereitet werden.

Was essen Astronauten?

Astronautennahrung wird auf der Erde gekocht und in Dosen mit in den Weltraum genommen. Die Köche dürfen allerdings keine Bohnen, keinen Knoblauch und keine anderen Lebensmittel verwenden, die Blähungen verursachen. Im Raumschiff gibt es nämlich keine Frischluft. Die Atemluft wird ständig erneuert, und mit heftig pupsenden Astronauten könnte das Luftsystem Schwierigkeiten haben. Außerdem dürfen die Speisen nicht krümeln. Für die Astronauten wird deshalb ein spezielles, krümelfreies Brot gebacken. Beim Essen in Schwerelosigkeit müssen die Raumfahrer achtgeben, dass ihnen keine Bissen verloren gehen und davonschweben. Für Getränke gibt es besondere Becher, aus denen sie die Flüssigkeit saugen. Aus einer normalen Tasse würde alles davonschweben. Ein ähnliches Problem gibt es beim Duschen. Dazu müssen die Raumfahrer in einen großen, rundum verschlossenen Sack steigen.

Wie kalt wird es in der Nacht auf dem Mond?

Auf dem Mond sinken die Temperaturen nachts auf minus 180 Grad Celsius. Tagsüber wird es unerträglich heiß. Dem Mond fehlt eine Lufthülle, welche die tagsüber eingestrahlte Sonnenwärme über Nacht zurückhält. Auf der Erde funktioniert die Atmosphäre wie eine Thermoskanne. Die Wärme kann nicht so leicht in den Weltraum entweichen.

Kann man vom Mond aus Häuser sehen?

Der Mond ist viel zu weit von der Erde entfernt, als dass man von ihm aus einzelne Häuser sehen könnte. Es gibt nur ein einziges von Menschen errichtetes Bauwerk, das man vom Mond aus erkennen kann – die 3 460 Kilometer lange Chinesische Mauer. Man sieht sie als haarfeine Linie. Ein anderes, von Tieren errichtetes Bauwerk nimmt man dagegen sehr deutlich wahr: das Große Barrier-Riff vor der Küste Australiens. Dieses Korallenriff wurde von kleinen Meerestierchen, den Korallenpolypen, gebaut.

Wie lange würde ein Schnellzug zum Mond brauchen?

Er würde drei Monate lang fahren. Der Mond ist durchschnittlich 385 000 Kilometer von der Erde entfernt. Das entspricht zehn Fahrten rund um die Erde. Zur Sonne wäre der Zug fast 400-mal so lang unterwegs wie zum Mond: ungefähr 100 Jahre. Die Entfernung zwischen Erde und Sonne beträgt etwa 150 Millionen Kilometer.

Warum sehen wir vom Mond immer nur eine Seite?

130

Der Mond kreist um die Erde, dreht sich dabei jedoch so um die eigene Achse, dass er uns stets nur eine Seite zuwendet.

Deshalb können wir die Rückseite des Mondes von der Erde aus niemals sehen. Die ersten Bilder von der Rückseite des Mondes lieferten uns erst Raumsonden, die den Mond umrundeten und von allen Seiten fotografierten und diese Bilder dann zur Erde sandten.

Könnten auf dem Planeten Venus Menschen überleben?

Nein. Die Lufttemperaturen liegen bei knapp 500 Grad Celsius. Und auch im hitzebeständigen Raumanzug könnte man auf der Venus nicht existieren. Auf diesem Planeten ist der Luftdruck so groß wie der Wasserdruck in 800 Meter Meerestiefe. Ein Mensch könnte es unter diesen Bedingungen nur in einem Raumschiff – oder einem Unterseeboot – aushalten. Im Freien würde ihn der Druck zerquetschen und die Hitze sofort verbrennen.

Sind Morgenstern und Abendstern verschiedene Sterne?

Morgenstern und Abendstern sind ein und derselbe Stern. Es handelt sich um den Planeten Venus. Planeten senden kein eigenes Licht aus, sondern leuchten – wie der Mond – im Schein der Sonne. Sie „wandern" über den Himmel und sind zu verschiedenen Zeiten an verschiedenen Orten sichtbar. Deshalb nennt man Planeten manchmal auch Wandelsterne.

Wie oft entstehen in der Milchstraße junge Sterne?

In der Milchstraße entsteht durch die Zusammenballung von kosmischer Materie alle zwei Wochen ein neuer Stern. Die jüngsten Sterne in unserer Galaxis sind also gerade mal ein paar Tage alt. Bis wir so ein Sternbaby sehen, dauert es allerdings viele, vielleicht Hunderte oder Tausende Jahre. So lange braucht das Licht des neugeborenen Sterns, um die Erde zu erreichen.

Wie lange braucht die Wärme von der Sonne bis zur Erde?

Die Sonnenwärme braucht genauso lang wie das Sonnenlicht. Wärmestrahlen und Lichtstrahlen sind beides elektromagnetische Strahlen, die sich mit Lichtgeschwindigkeit fortbewegen. Von der Sonne bis zur Erde dauert das etwa 8,5 Minuten.

Wie teuer ist es, ein Kilogramm Nutzlast in den Weltraum zu transportieren?

Es kostet 75 000 Euro. So hoch sind die Frachtkosten für ein Kilogramm Nutzlast, zum Beispiel dann, wenn ein Satellit in die Umlaufbahn gebracht werden soll. Es gibt dafür zwei Möglichkeiten. Entweder man schießt einen Weltraumtrans-

porter wie den amerikanischen Spaceshuttle mittels einer Rakete in den Weltraum. Der Transporter befördert das „Paket" oder einen Astronauten an den Bestimmungsort, zum Beispiel in eine Raumstation, die die Erde umkreist. Dann kehrt er zur Erde zurück. Die Transportrakete selbst kann nur einmal verwendet werden und ist anschließend so nutzlos wie ein ausgebrannter Feuerwerkskörper. Oder aber man schießt Satelliten ohne Umweg über einen Raumtransporter direkt hoch. Auch hier kann die Rakete nur einen einzigen Raumflug unternehmen.

Wie viele Pferdestärken hatten die Mondraketen?

Die Saturn-Raketen, die bei den amerikanischen Mondflügen eingesetzt wurden, waren die stärksten Maschinen, die jemals von Menschen gebaut wurden. Sie leisteten 175 Millionen PS. In der Startphase schluckte dieses Monstrum pro Sekunde 13,5 Tonnen Treibstoff. Mit dieser Menge, die vom Raketentriebwerk in nur einer Sekunde verbraucht wurde, könnte ein Mittelklassewagen zwei Monate lang ununterbrochen fahren.

Wie gefährlich sind Meteoriten für Menschen?

133

Die Erde wird Jahr für Jahr um etwa 10 000 Tonnen schwerer. Dieser Gewichtszuwachs stammt von Meteoriten, die auf die

Erde stürzen. Die meisten dieser kleinen Himmelskörper verglühen zwar als Sternschnuppen. Doch ein Teil ihrer Masse regnet als Staub auf die Erde nieder. Auch größere Teile fallen immer wieder auf die Erdoberfläche. Für einen Menschen ist die Gefahr, von einem Meteoriten getroffen zu werden, äußerst gering. Im Durchschnitt alle 17 Jahre wird irgendwo auf der Welt ein Mensch von einem Teilchen getroffen. Der gefährlichste derartige Unfall ereignete sich im Jahr 1954 in Amerika. Damals durchschlug ein vier Kilogramm schwerer Brocken ein Hausdach.

Was ist eine Supernova?

Am Ende ihrer Lebenszeit flammen manche Sterne in einer Art Explosion auf und verbrauchen in kurzer Zeit all ihre restliche Energie. Dabei überstrahlen sie alle Nachbarsterne. So einen überhellen, im Todeskampf liegenden Stern nennt man Supernova.

Was ist der Unterschied zwischen der Milchstraße und der Galaxis?

Galaxis ist das Fremdwort für Milchstraße. Es kommt vom griechischen Wort „Gala" für Milch. Nach der griechischen Sage hat die Göttin Hera Muttermilch über den Himmel verschüttet, als sie ihren Sohn Herakles stillte. Die Milchstraße ist eine gigantische, aus Milliarden Sonnen bestehende An-

sammlung von Sternen. Zu ihr gehört auch unsere Sonne. Unser Planetensystem ist am Rande der Milchstraße angesiedelt. Deshalb sehen wir die Milchstraße von außen als milchiges Band, das sich über den Nachthimmel zieht.

Warum hat der Planet Erde keinen richtigen Namen?

Unsere Erde ist ein Planet wie andere Planeten auch – mit dem Unterschied, dass hier lebensfreundliche Bedingungen herrschen und dass die Erde unser Heimatplanet ist. Ansonsten ist die Erde Teil des Planetensystems. Als die frühen Astronomen darangingen, den Planeten Namen zu geben, hielten sie die Erde für den Mittelpunkt des Universums. Alle anderen Planeten wurden nach antiken Göttern benannt. Für die Erde gab es keinen speziellen Namen. Moderne Astronomen nennen die Erde manchmal Terra. Das ist einfach das lateinische Wort für Erde.

Sport

Was ist ein Amateursportler?

Sportler, die einen anderen Beruf haben und mit ihrem Sport kein oder nur wenig Geld verdienen, sind Amateure. Das Wort kommt aus dem Französischen und bedeutet etwa: jemand, der etwas aus Spaß macht. Wenn ein Sportler wirklich spitze sein will, muss er viel trainieren. Das kostet Zeit. Deshalb sind die besten Sportler in den populären Sportarten wie Fußball oder Tennis alle keine Amateure, sondern Berufssportler, also Professionals oder kurz Profis.

Dürfen Profis bei den Olympischen Spielen mitmachen?

Früher machte man klare Unterschiede zwischen Profis und Amateuren. Bei den Olympischen Spielen beispielsweise durften keine Berufssportler an den Start gehen. Heute kann man schwer sagen, ob jemand Profi oder Amateur ist. Halbprofis verdienen sich etwas Geld durch den Sport, zum Beispiel durch Startgelder oder Werbeeinnahmen, haben daneben aber auch einen normalen Beruf. Deshalb dürfen jetzt bei olympischen Wettkämpfen alle mitmachen, die nachweisen können, dass sie in ihrer Sportart entsprechende Leistungen erbringen können. Sie müssen ein bestimmtes Limit schaffen. Auch das war früher anders: In der Urzeit der Olympischen Spiele durften alle Sportler an den Wettkämpfen teilnehmen, die Lust hatten. Das Motto hieß „Dabei sein ist alles".

137

Wie kommt es, dass ein Verein einem anderen einen Spieler abkaufen kann?

Bei vielen Sportarten haben die Spitzensportler einen Vertrag mit ihrem Verein. Das gilt vor allem für Sportarten, bei denen Mannschaften gegeneinander antreten. Professionelle Fußballspieler sind bei ihren Vereinen für eine gewisse Zeit angestellt. Wenn ein anderer Klub einen bestimmten Spieler haben möchte, muss er an den Verein des Spielers eine Ablösesumme zahlen. Das Geld, oft Beträge in Millionenhöhe, kassiert nicht der Spieler, sondern der alte Verein. Er bekommt es dafür, dass er den Spieler ziehen lässt. Der Spieler erhält ein sogenanntes Handgeld dafür, dass er dem Vereinswechsel, dem Transfer, zustimmt und einen Vertrag mit seinem neuen Verein eingeht.

Wer bezahlt die Profis?

Erfolgreiche Sportvereine, zum Beispiel die Klubs der Fußballbundesliga, müssen wie Wirtschaftsunternehmen arbeiten und denken. Sie haben teure Spitzenspieler unter Vertrag, die viel Geld kosten und dafür sorgen sollen, dass die Mannschaft erfolgreich spielt. Ein Team, das oft siegt, zieht mehr Zuschauer an, die Eintrittsgelder zahlen. Außerdem fließen Werbeeinnahmen in die Vereinskassen: Unternehmen bezahlen dafür, dass für ihre Produkte geworben wird. Man sieht diese Werbung an den Werbeflächen im Stadion.

Schließlich kassieren die Vereine auch Geld von den Fernsehanstalten, die Spiele und Wettkämpfe übertragen. Mit den Eintrittsgeldern, den Werbeeinnahmen und Sponsorgeldern und mit den Erlösen aus Fernsehübertragungen bezahlen die Vereine ihre Spieler, die Trainer und die anderen Vereinsangestellten.

Was ist ein Sponsor?

Manche Firmen bezahlen viel Geld dafür, dass ein Verein und seine Spieler Werbung für sie machen. Der Schriftzug der Firma erscheint dann auf den Trikots der Spieler. Solche Unternehmen nennt man Sponsoren.

Bei welchem Fußballspiel ist der Ball nicht rund?

American Football heißt zwar übersetzt Fußball, ist aber ein völlig anderer Sport als unser gewohnter Fußball. Der Ball ist nicht rund, sondern oval mit zwei Spitzen. Er kann getreten werden, wird aber meistens mit den Händen geworfen und über das Spielfeld getragen. Dabei werfen sich die Spieler der einen Mannschaft den Ball gegenseitig zu und versuchen, die Verteidigungslinien des Gegners zu durchbrechen. Der Spieler, der den Ball hält, versucht, eine Lücke zu finden. Seine Mannschaftskameraden blocken die gegnerischen Spieler nach Leibeskräften ab. Dabei geht es sehr hart zu. Rempe-

139

leien gelten nicht als Fouls, sondern machen den Reiz des Spieles aus. Die Spieler sind vor Verletzungen durch Polster und Helme geschützt wie Eishockeyspieler.

Was ist der Lieblingssport von Charly Brown und den Peanuts?

Die populärste amerikanische Sportart heißt Baseball. Es wird fast nur in den USA gespielt. Bei wichtigen Spielen sitzen Millionen Fernsehzuschauer vor dem Fernseher und gucken zu. Baseball ist auch der Lieblingssport der amerikanischen Kinder. Wenn Charly Brown in der berühmten Comicserie „Die Peanuts" seine Mütze aufsetzt und den Schläger umklammert, dann spielen er und seine Freunde Baseball.

Nach welchen Regeln wird Baseball gespielt?

Für uns sind die Spielregeln sehr verwirrend. Wir haben kein Spiel, das man mit Baseball vergleichen kann. Es geht darum, einem Mitspieler einen kleinen, harten Ball so zuzuwerfen, dass ihn dieser fangen kann. Zwischen den beiden steht ein gegnerischer Spieler. Er versucht, den Ball mit einem runden Holzknüppel abzufangen und so weit fortzuschießen, dass ihn die werfende Mannschaft nicht erwischen kann. Dieses Duell zwischen dem Werfer und dem Schlagmann ist der Kern des Spieles. Dazu gibt es eine Menge Regeln und Be-

140

stimmungen. Jede Mannschaft besteht aus neun Spielern, die merkwürdig altmodisch gekleidet sind. Sie tragen Bundhosen und Kappen mit großem Schirm. Der Schlagmann hat eine lange Holzkeule, und der Fänger einen großen, gepolsterten Fanghandschuh, mit dem er den Ball auffängt, wenn der Schlagmann ihn nicht treffen sollte.

Bei welchem Sport ist jeder Körpereinsatz ein Foul?

Basketball unterscheidet sich von anderen bekannten Ballspielen dadurch, dass ein sogenanntes „körperloses" Spiel angestrebt wird. Das heißt nicht, dass die Spieler wie Gespenster herumschweben. Sie sollen lediglich harten Körperkontakt mit dem Gegner vermeiden und möglichst nur den Ball berühren. Ein Anrempeln des Gegners ist ein Foul und wird mit einem Freiwurf bestraft. Beim Fußball und vor allem beim Eishockey ist das ganz anders. Dort gehören harte Zweikämpfe zum Spiel. Basketball wird sehr schnell gespielt, der Ball und die Spieler sind ständig in Bewegung. Mit dem Ball in der Hand darf der Spieler nur zwei Schritte laufen; dann muss er ihn weiterspielen, oder er muss dribbeln, das heißt, den Ball auf dem Boden aufspringen lassen. Das gibt dem Gegner Gelegenheit, ihm den Ball abzujagen. Gewonnen hat jene Mannschaft, die den Ball am häufigsten in den gegnerischen Korb geworfen hat. Bei der Schnelligkeit des Spiels ist es klar, dass viele Körbe geworfen werden.

141

Was bedeutet „reine Spielzeit"?

Bei Mannschaftssportarten wie Basketball oder Eishockey kommt es auf die reine Spielzeit an. Sobald der Ball oder der Puck aus dem Spiel ist, wird die Uhr angehalten und läuft erst weiter, wenn er wieder gespielt wird. Beim Basketball beträgt die reine Spielzeit zweimal 20 Minuten, mit einer Pause dazwischen. Eishockeyspieler spielen dreimal 20 Minuten.

Wie lange dauert ein Tennismatch?

Schließlich gibt es auch Ballsportarten, bei denen man überhaupt nicht sagen kann, wie lange ein Match wohl dauern könnte. Beim Tennis und Tischtennis beispielsweise kommt es auf die erzielten Punkte an. Wenn die Spieler lange Ballwechsel führen, also den Ball oft hin- und herschlagen, bevor ein Spieler einen Fehler macht, kann das Match sehr lange dauern. Tennisspieler stehen oft vier Stunden oder länger auf dem Platz. Das ist der Fall, wenn die Spieler etwa gleich stark spielen. Dann dauert es oft lange, bis einer von ihnen einen Vorsprung herausgeholt hat, der ihm den Sieg bringt.

Aus welchem Stoff besteht die Hülle eines Tennisballs?

Aus Wollstoff. Das Material wird verfilzt und gegen Feuchtigkeit imprägniert.

Was bedeutet k. o.?

Boxen ist die einzige Sportart, in der es darum geht, den Gegner kampfunfähig zu machen. Ziel des Boxers ist es, den anderen nach bestimmten Regeln so zu verprügeln, dass er nicht mehr weitermachen kann. Ein Sieg durch K. o. bedeutet, dass der Gegner nicht mehr weiterboxen kann. Er liegt am Boden. Der Ringrichter zählt bis zehn. Wenn der niedergeschlagene Boxer innerhalb dieser Frist nicht aufstehen kann oder nach dem Aufstehen nur mehr im Ring herumtaumelt, ist der Kampf zu Ende. K. o. kommt vom englischen Begriff „knock out", entscheidend besiegen. Bei einem technischen K. o. bricht der Ringrichter den Kampf ab, weil sich einer der Boxer eine Verletzung zugezogen hat. Manchmal zwingen solche Verletzungen einen Kämpfer auch zur freiwilligen Aufgabe. Wenn beide Kämpfer den Kampf durchstehen, geht er bei Profis über 12 oder 15 Runden zu je drei Minuten. Punktrichter zählen mit, welcher Boxer seinen Gegner wie oft getroffen hat. Am Schluss werden die Punkte zusammengezählt und der bessere Boxer wird zum Sieger nach Punkten erklärt.

Warum sind Boxhandschuhe gepolstert?

Heutige Boxer tragen gepolsterte Fausthandschuhe, die dafür sorgen sollen, dass niemand ernsthaft verletzt wird. Bei Gefahr für die Gesundheit eines Boxers kann der Ringarzt den Kampf jederzeit abbrechen, außerdem dürfen die Boxer nicht

auf den Unterleib zielen. Dennoch bleibt Boxen ein gefährlicher Sport. Denn um den Gegner auszuschalten, zielen die Boxer auf die empfindlichsten Stellen am Kopf und Oberkörper: auf Kinn, Schläfen, Magen und Leber.

Was ist der Unterschied zwischen Eisstockschießen und Curling?

Beim Eisstockschießen oder Eisschießen lassen die Eisschützen einen Eisstock über eine glatte Eisfläche flitzen. Ziel ist es, den Eisstock – eine schwere Platte mit einem aufrecht stehenden Griff – möglichst weit in die Nähe des Ziels zu bekommen. Dabei dürfen die gegnerischen Eisstöcke weggerempelt werden. Das Eisschießen ist vor allem im Alpenraum sehr beliebt. In einer anderen Form ist Eisschießen auch ein internationaler Wettkampfsport. Er heißt Curling. Die Geschosse sind hier flache und runde, 20 Kilogramm schwere Steine. Sie haben oben einen gebogenen Griff, der ähnlich aussieht wie der Griff eines Bügeleisens. Beim Curling „schießen" die beiden Mannschaften nicht auf das gleiche, sondern auf verschiedene Ziele.

Woher hat der Puck seinen Namen?

Der Puck ist die 2,5 Zentimeter dicke und 7,5 Zentimeter breite Hartgummischeibe, die beim Eishockey die Rolle des Balls spielt. Der Name kommt aus der englischen Sagenwelt.

Dort ist Puck ein kleiner Kobold. Und wie ein Kobold saust er auch, von Schlägern geschossen, über das Spielfeld.

Bei welchen Sportarten vergeben die Kampfrichter Noten?

Bei den meisten Sportarten lässt es sich sehr leicht feststellen, wer Sieger geworden ist: wer mehr Tore geschossen hat, wer schneller war oder sein Sportgerät weiter geworfen hat. Das lässt sich zählen und messen. Schwieriger wird es dort, wo es auf den Stil der Vorführung ankommt. Was beispielsweise Eiskunstläufer zeigen, lässt sich nicht zählen und messen. Hier braucht man Richter, die die Vorführung benoten. Es ist stets eine Gruppe von Richtern. Jeder vergibt seine Noten, und der Notendurchschnitt ergibt die Endnote. Auch die Haltungsnoten von Skispringern werden von Kampfrichtern vergeben. Hier werden die Sprungweite und die Haltungsnote gemischt. Ein Springer, der etwas kürzer als sein Konkurrent gesprungen, aber dafür schöner durch die Luft gesegelt ist, kann im Endklassement vorne liegen. Eine Benotung findet aber auch in Sportarten wie Turnen, Tanzen und Kunstschwimmen statt.

Was ist die Kür beim Eiskunstlauf?

145

Das Wort Kür bedeutet so viel wie Wahl. Beim Kürlauf im Eiskunstlauf wählt sich der Läufer seine Musik selbst aus und

ebenso die verschiedenen Sprünge, Schrittwechsel und Pirouetten, die er zeigen möchte. Die Kür dauert für die Herren viereinhalb Minuten, für die Damen vier Minuten. Neben der Kür gibt es bei Eiskunstlauf-Wettkämpfen auch noch das Kurzprogramm. Hier müssen die Bewerber in zwei Minuten sieben verschiedene wichtige Sprünge und andere Elemente vorführen. Sieger eines Wettkampfes wird, wer bei Kurzprogramm und Kür insgesamt am besten abschneidet.

Wie schnell sind Eisschnellläufer unterwegs?

Eisschnellläufer sind die schnellsten Menschen, die sich ohne Räder oder Fahrzeuge auf ebener Erde dahinbewegen. Sie sausen auf Kurzstrecken mit einer Geschwindigkeit von etwa 50 Kilometer pro Stunde über das Eis. Radrennfahrer sind da nicht viel schneller. Eisläufer können praktisch ihre ganze Körperkraft in Bewegungsenergie umsetzen.

Warum tragen Eisschnellläufer Kapuzen?

Je schneller ein Eisschnellläufer unterwegs ist, desto größer wird der Luftwiderstand, und desto mehr Kraft braucht der Sportler, um sein Tempo zu halten. Die Grenze liegt bei einer Geschwindigkeit von etwa 50 Kilometer pro Stunde. Bei höherem Tempo bremst die Luft zu stark. Um den Luftwiderstand möglichst gering zu halten, tragen Eisschnellläufer hauteng anliegende Kleidung und auf dem Kopf eine Haube,

die aussieht wie ein Mittelding zwischen Badehaube und Kapuze. Auch andere Sportler, die mit hohem Tempo unterwegs sind, sind windschlüpfrig gekleidet. Dazu gehören zum Beispiel die Radrennfahrer mit ihren merkwürdigen, nach hinten spitz zulaufenden Helmen und die Skirennläufer.

Welche Waffen gibt es beim Sportfechten?

Beim Fechtsport gibt es drei verschiedene Waffen: das Florett, den Degen und den Säbel. Florett und der ein wenig schwerere Degen sind Stoßwaffen. Der Säbel ist eine Stoß- und Hiebwaffe, mit ihm fechten nur die Männer. Die Klingen sind biegsam und haben an der Spitze einen Nippel, sodass sich niemand verletzen kann. Das Gesicht ist mit einer Maske geschützt, die mit einem Drahtgitter überzogen ist. Bei allen drei Waffen kommt es darauf an, den Gegner mit der Spitze der Waffe zu berühren, ohne selbst gepikt zu werden. Beim Fechten mit Degen und Florett geht das alles so schnell, dass eine elektrische Anlage die Treffer anzeigt. Wenn der Nippel an der Spitze der Waffe trifft, leuchtet ein Lämpchen auf. Beim Säbelfechten zählen Kampfrichter mit.

Was bedeutet „Judo"?

Beim Judo kommt es darauf an, den Gegner durch Zug oder Druck aus dem Gleichgewicht zu bringen und auf die Matte zu werfen. Der Judo-Sport stammt aus Japan. Das Wort be-

deutet „Weg des sanften Nachgebens". Judo-Sportler nennt man Judoka. Sie belauern sich gegenseitig und versuchen, die Pläne des Gegners schon im Ansatz zu durchschauen und flink zu reagieren. Dabei wird die Wucht des gegnerischen Angriffs umgeleitet und für einen eigenen Griff oder Wurf ausgenutzt. Oder man nützt einen Stellungsfehler des Gegners aus. Deshalb kann ein geschickter Judoka auch einen stärkeren und größeren Kämpfer zu Boden werfen. Beim Judo-Sport dürfen nur die überlieferten Würfe und Griffe angewandt werden. Tritte und Schläge sind verboten.

Wie zeigt ein Judokämpfer an, dass er aufgeben will?

Judokämpfe dauern nur kurz, und zwar höchstens fünf Minuten. Wer es schafft, den Gegner aus dem Stand auf den Rücken zu werfen, hat vorzeitig gewonnen, und der Kampf ist zu Ende. Wer aufgeben will, klopft mit der flachen Hand auf die Matte.

Welche Waffen haben Karatekämpfer?

Eine andere japanische Kampfart heißt Karate, auf Deutsch „leere Hand". Karatekrieger verwendeten ihre Hände und Füße, ihre Knie und Ellbogen als Schlagwaffen. Im Training werden sie abgehärtet. Die Bewegungen werden so ausgeführt, dass die geballte Kraft im Augenblick des Zuschlagens

148

frei wird. Karatekämpfer können durch einen Handkantenschlag dicke Bretter durchschlagen – und im Ernstfall jeden Gegner töten. Beim sportlichen Wettkampf werden die Schläge so kontrolliert ausgeführt, dass sie den Gegner nicht verletzen können. Eine aus Korea stammende Art von Karate heißt Taekwondo, der „Weg der zustoßenden Faust", das auch in Deutschland immer bekannter wird.

Wo wurde erstmals mit Gummibällen gespielt?

In Amerika. Die mexikanischen Azteken spielten vor Ankunft der Weißen eine Art Basketball, bei dem der Gummiball durch einen Steinring geworfen wurde. Erfinder des modernen Basketballspiels war der amerikanische Sportlehrer James Nesmith im Jahre 1891. Die in Deutschland erfundene Version des Basketballspiels heißt Korbball.

In welchem Land gab es die ersten Hockeyspieler?

In Ägypten. Auf 4000 Jahre alten Darstellungen sind Spieler mit gekrümmten Schlagstöcken zu sehen. Eishockey ist eine viel spätere Erfindung, die wahrscheinlich aus Holland stammt. Bilder aus dem 16. Jahrhundert zeigen Schlittschuhläufer mit Ball und Hockeyschlägern. Der über das Eis schlitternde Puck stammt aus Kanada und ist eine Scheibe aus Hartgummi.

Welches Ballspiel wurde in einer Gefängniszelle erfunden?

Squash. Dieses tennisähnliche Ballspiel spielt man in einem geschlossenen Raum ohne Netz und gegen eine Wand. Im Jahr 1815 wurde es von zwei im Gefängnis einsitzenden Engländern erfunden. Sie schlugen den Ball mit den bloßen Händen – ebenso wie die ersten Tennisspieler. Vor 700 Jahren spielte man in Frankreich Tennis mit flacher Hand über das Netz. Tennisschläger gibt es seit 400 Jahren.

Warum hat die olympische Flagge fünf Ringe?

Die olympische Flagge zeigt fünf Ringe, die ineinander verschränkt sind. Sie stehen für die fünf Erdteile, und zwar steht Grün für Australien, Blau für Europa, Rot für Amerika, Gelb für Asien und Schwarz für Afrika.

Wofür steht die Abkürzung BMX?

Für Bicycle-Motocross, also Zweirad-Querfeldein. BMX-Räder sind kleine, sehr manövrierfähige Spezialfahrräder.

Worauf schießen Wurftaubenschützen?

Auf Tonscheiben, die von Wurfanlagen in die Luft geschleudert werden. Der Schütze muss sie im Flug treffen.

Bei welchen Sportarten dürfen keine Frauen mitmachen?

Es gibt eine Reihe von Sportarten, bei denen Frauen bei offiziellen internationalen Wettkämpfen (noch?) nicht teilnehmen dürfen. In der Leichtathletik zählten dazu bis 2000 Hammerwerfen und Stabhochsprung. Ausgeschlossen waren Frauen außerdem von Schwerathletikdisziplinen wie Gewichtheben. Auch bei den Boxern waren die Männer lange unter sich. Nur beim Eishockey ändern sich die Bestimmungen. Dieser harte Mannschaftssport galt bisher als typisch männlich. Seit den Olympischen Winterspielen 1998 dürfen auch Frauen teilnehmen.

In welchem Stil kommen Schwimmer am schnellsten voran?

Am schnellsten kommen Schwimmer voran, wenn sie kraulen. Ein guter Krauler braucht für 100 Meter etwa 50 Sekunden, ein guter Brustschwimmer etwa zehn Sekunden länger. Dazwischen liegt das Tempo der Schmetterlings- und Rückenschwimmer.

Wie schnell fällt ein Fallschirmspringer?

Fallschirmspringer im freien Fall mit dem Kopf nach unten erzielen Geschwindigkeiten bis zu 300 Kilometer pro Stunde.

Bei keiner anderen Sportart, die keine Motorsportart ist, sind Menschen schneller unterwegs. Beim Fall bäuchlings mit ausgebreiteten Armen sinkt die Fallgeschwindigkeit auf unter 200 Kilometer pro Stunde. Erst der Fallschirm reduziert die Fallgeschwindigkeit auf ein Maß, das den Springern eine sichere Landung ermöglicht.

Wieso kann man mit einer Kugel gleich alle neun Kegel treffen?

Beim Kegeln geht es darum, eine große Kugel so über die Kegelbahn rollen zu lassen, dass sie möglichst viele der neun Kegel umwirft. Die Kegel stehen im Quadrat mit der Spitze nach vorne. Ein geschickter Kegler donnert seine Kugel nicht haargenau auf den ersten Kegel, sondern in eine Gasse links oder rechts davon. Dann spritzen die seitlich getroffenen Kegel auseinander – und vielleicht fallen dabei sogar alle neune um. Kegelbahnen gab es schon im Mittelalter, doch wurde in verschiedenen Gegenden nach verschiedenen Regeln gekegelt. Angeblich war es Martin Luther, der sich vor 500 Jahren für einheitliche Regeln eingesetzt hat. Er soll die Zahl Neun für die Anzahl der Kegel festgelegt haben.

Wie schnell kann ein Mensch laufen?

Die weltbesten Sprinter erreichen eine Höchstgeschwindigkeit von 40 Kilometer pro Stunde, und zwar bei der 4x100-

Meter-Staffel der Männer. Viele Tiere sind schneller, der Gepard beispielsweise fast um das Dreifache. In ihren Spezialdisziplinen sind verschiedene Tiere dem Menschen überlegen. Kängurus beispielsweise springen weiter, Springböcke höher, und Robben schwimmen schneller. Doch menschliche Sportler sind eben vielseitiger. In einem Kombinationswettbewerb aus Laufen, Springen und Schwimmen würde ein menschlicher Sportler als Sieger hervorgehen.

Warum ist Doping verboten?

Dopingmittel sind chemische Substanzen, die die körperliche Leistung steigern. Gedopte Sportler haben daher Vorteile gegenüber ihren Konkurrenten. Dopingmittel sind verboten, weil sie die Gesundheit der Sportler gefährden. Man will nicht zulassen, dass ehrgeizige Athleten ihre Gesundheit ruinieren. Das Wort Doping kommt aus der Sprache der afrikanischen Zulus. „Doop" bedeutet „berauschender Schnaps". Daraus abgeleitet sind das englische „dope" für Rauschgift und „Doping" für den Versuch, die Leistung von Sportlern durch verbotene Substanzen zu steigern.

Was ist beim Gewichtheben der Unterschied zwischen Reißen und Stoßen?

153

Gewichtheber stemmen schwere Hanteln hoch. Das sind Stangen, an deren Enden eiserne Scheiben angemacht und

verschraubt sind. Sieger ist, wer die schwersten Hanteln hochstemmt. Es gibt zwei verschiedene Techniken, die Hantel hochzubringen. Beim Reißen muss das Gewicht in einem Zug hochgerissen werden. Beim Stoßen gibt es zwei Abschnitte: Zuerst wird das Gewicht bis in Schulterhöhe gehoben. Nach einer kleinen Pause hebt der Athlet das Gewicht weiter hoch, bis er es mit gestreckten Armen über dem Kopf hält. Reißen und Stoßen sind zwei verschiedene Wettbewerbe.

Wann gibt es im Fußball einen Elfmeter?

Bei allen Mannschaftsspielen sorgt ein Schiedsrichter dafür, dass sich die Spieler fair verhalten, nämlich an die Spielregeln halten und keine Fouls begehen. Er kann Foulspieler bestrafen. Beim Fußball kann der Betreffende mit einer gelben Karte verwarnt, bei besonders bösen Fouls sogar vom Platz gestellt werden. Für ihn darf auch kein Ersatzmann weiterspielen. Außerdem gibt es einen Freistoß. Die Mannschaft, gegen die das Foul begangen wurde, bekommt den Ball und darf ihn ungehindert schießen – meistens natürlich in Richtung auf das Tor des Gegners. Bei Fouls im Strafraum, also in der Nähe des gegnerischen Tors, gibt es einen Elfmeter. Dann stehen sich Stürmer und Torhüter alleine gegenüber und der Stürmer darf aus einer Entfernung von elf Metern auf das Tor schießen. Die Chance, dass er das Tor trifft, ist relativ hoch – deswegen ist er die härteste Strafe.

Warum gibt es beim Handball einen Siebenmeterwurf und keinen Elfmeter?

Beim Handball ist das Spielfeld nicht einmal halb so groß wie das Fußballfeld. Auch das Tor ist sehr viel kleiner, nämlich nur drei Meter breit und zwei Meter hoch. (Ein Fußballtor ist 7,32 Meter breit und 2,44 Meter hoch.) Schließlich sind Würfe beim Handball längst nicht so scharf wie ein scharf getretener Fußball. Deshalb darf ein Handballer zum Strafstoß näher an den Torhüter heran als ein Fußballer. Die meisten Siebenmeterwürfe landen im Tor.

Warum kann sich ein Kajakfahrer durchs Wasser rollen?

Ein Kajak ist ein Paddelboot, das nach dem Vorbild der Paddelboote der Eskimos gebaut ist. Bei einem solchen Boot besteht das Gerüst des Bootes aus Tierknochen. Rundherum werden wasserdichte Tierhäute gespannt; auch das Verdeck ist geschlossen. An der Oberseite bleibt eine Luke für den Fahrer offen. Die schmalen und spitzen Kajaks kentern leicht. In diesem Fall bleibt der Fahrer im Boot sitzen. Er macht eine Unterwasserrolle, schiebt mit dem Paddel nach und taucht auf der anderen Seite wieder auf. Das Verdeck schließt mit dem Fahrer so dicht ab, dass dabei nur wenig oder gar kein Wasser ins Boot dringt. Dieses Kunststück nennt man Eskimorolle. Der Kajak wird mit einem Doppelpaddel vorwärtsbewegt;

155

links und rechts auf dem Schaft sitzen Paddelblätter, die abwechselnd ins Wasser getaucht werden. Beim Kajaksport sind die Boote mit einem oder mehreren Fahrern besetzt. Die Streckenlängen betragen 500, 1 000 und 10 000 Meter.

Was ist der Unterschied zwischen einem Kanadier und einem Kajak?

Sportpaddelboote heißen Kanus. Neben dem Kajak gibt es noch eine andere Art von Kanu: den Kanadier. Vorbild für ein modernes Kanadier-Kanu ist das Kanu (oder Canoe) der kanadischen Indianer. Sie lebten in Waldgebieten und fuhren nicht auf dem Meer, sondern auf Seen und Flüssen. Außerdem hatten sie Holz als Baumaterial. Deshalb sehen ihre Boote anders aus als die Kajaks der Eskimos, die kein Holz haben. Ein traditionelles Indianer-Kanu besteht aus Ästen als Gerüst und Baumrinde als Bootshaut. Es ist oben offen und der Fahrer kniet auf einem Bein in seinem Kanu. Sein Paddel hat nur ein Blatt.

Ist Gehen eine richtige Sportart?

Das Gehen ist eine der anstrengendsten Sportarten. Die Geher legen lange Strecken zurück: die Männer 20 oder 50 Kilometer, die Frauen fünf oder zehn Kilometer. Im Unterschied zu den Langstreckenläufern müssen die Geher stets mit einem Fuß den Boden berühren. So darf etwa der linke Fuß erst

dann abheben, wenn der rechte wieder Kontakt mit dem Boden hat. Um trotzdem flink vorwärts zu kommen, haben die Geher einen merkwürdig aussehenden Watschelgang entwickelt. Gehen erfordert nicht nur viel Kraft, sondern auch große Disziplin. Wenn die Sportler knapp vor dem Ziel zum schnellen Spurt ansetzen, kommt es immer wieder vor, dass der eine oder andere versehentlich ins Laufen kommt. Dann wird er vom Kampfrichter disqualifiziert.

Welche Wettbewerbe gibt es beim Mehrkampf der Frauen?

Bei den Frauen besteht das olympische Mehrkampfprogramm aus sieben Wettbewerben, nämlich 100-m-Hürdenlauf, Kugelstoßen, Hochsprung, Speerwerfen, Weitsprung, 200-m-Lauf und 800-m-Lauf.

Welche Sportarten gehören zum Zehnkampf?

Die Zehnkämpfer nennt man auch die Könige der Leichtathletik. Denn sie müssen sich in allen zehn Disziplinen bewähren, aus denen der Zehnkampf besteht. Diese sind 100-m-Lauf, Weitsprung, Hochsprung, Kugelstoßen, 400-m-Lauf, 110-m-Hürdenlauf, Diskuswerfen, Stabhochsprung, Speerwerfen und 1500-m-Lauf. Die Sportler brauchen zwei Tage, um dieses Programm zu schaffen. Bei jedem Einzelwettbewerb gibt es für bestimmte Leistungen eine bestimmte Zahl

157

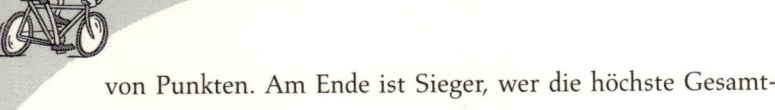

von Punkten. Am Ende ist Sieger, wer die höchste Gesamtpunktzahl hat.

Warum stehen Motocross-Rennfahrer auf ihren Motorrädern?

Ein Querfeldeinrennen mit Motorrädern nennt man Motocross-Rennen. Das englische Wort „cross" heißt quer, „moto" steht für Motorrad. Auf Bahnen mit Hügeln, Steigungen, Bodenwellen, Schlammgräben und anderen Hindernissen geht es quer durchs Gelände. Dabei stehen die Fahrer meistens auf den Fußrasten, um die Bocksprünge ihres Motorrades abzufedern. Ein Fahrer, der im Sattel sitzen bliebe, würde in hohem Bogen von seinem Gefährt geschleudert. Deshalb sind Motocross-Rennfahrer auch sehr viel langsamer unterwegs als ihre Rennfahrerkollegen auf der Straße. Ihr Durchschnittstempo liegt unter 50 Kilometer pro Stunde.

Warum legen sich Motorradfahrer so weit in die Kurve?

Zweiradfahrer, ob auf dem Fahrrad oder Motorrad, müssen sich bei Kurvenfahrten in die Kurve legen. Bei langsamer Fahrt und in lang gezogenen Kurven ist das kaum bemerkbar. Je schneller es aber dahingeht und je enger die Kurve ist, desto weiter muss man sein Körpergewicht nach innen verlagern. Dabei halten sich zwei Kräfte im Gleichgewicht. Die

eine Kraft ist die Schwerkraft. Sie zieht den Fahrer, der in der Kurve liegt, in Richtung Boden. Und sie würde ihn tatsächlich zu Boden werfen, gäbe es da nicht eine andere Kraft, die den Fahrer bei der Kurvenfahrt nach der anderen Seite zieht und wieder aufrichten möchte. Das ist die Fliehkraft. Diese Kraft sorgt dafür, dass alles, was ein Gewicht hat, in einer Kurve nach außen drängt. Radfahrer, Motorradfahrer und auch Eisläufer legen sich bei einer Kurvenfahrt gerade so weit in die Kurve, dass sie weder nach außen noch nach innen stürzen.

Was ist ein Beiwagen?

Motorräder haben nur Platz für Fahrer und Beifahrer – außer sie ziehen einen Seitenwagen oder Beiwagen mit. Dann kann noch ein zweiter Fahrgast mitkommen. Früher sah man solche Gespanne häufig auf den Straßen. Sie bestanden aus einem Motorrad und einem auf der Seite befestigten kleinen Gefährt, das ein wenig wie ein Boot mit einem Rad darunter aussah. Heute sind diese Beiwagen selten – was auch mit dem sehr hohen Preis solcher Gespanne zu tun hat. Nur bei Motorradrennen spielen sie eine Rolle.

Warum liegen Rennautos so tief?

Rennautos sind so gebaut, dass sie sehr tief liegen. Zwischen dem Autoboden und der Fahrbahn gibt es nur wenige Zentimeter. Diesen Abstand nennt man die Bodenfreiheit. Die fla-

159

che Bauart verringert den Luftwiderstand, sorgt aber auch dafür, dass der Schwerpunkt tief liegt: Die Fliehkraft zerrt das Auto in der Kurve zwar nach außen, kann es aber nicht umkippen, und der Rennwagen liegt auch bei schneller Fahrt stabil auf der Straße. Wenn es zu schnell wird, rutscht der ganze Wagen aus der Kurve. Ein hochbeiniges Fahrzeug wie ein Geländewagen verhält sich in der Kurve ganz anders. Sein Gewicht liegt hauptsächlich oberhalb der Räder. In einer scharfen Kurve haften zwar die Räder auf der Straße, aber die Fliehkraft „packt" das Auto oberhalb der Räder an und kann es nach außen kippen.

Wie schnell können Gokarts fahren?

Gokarts sind kleine, leichte offene Rennautos, die ein wenig an Tretautos für Kinder erinnern. Das englische Wort Gokart bedeutet ursprünglich wirklich Tretauto. Aber das Aussehen täuscht. Gokarts haben Motorradmotoren, und weil sie so leicht sind, erreichen sie bis zu 200 Kilometer pro Stunde. Gokartrennen werden auf speziellen Rennstrecken mit vielen Kurven gefahren.

Warum fahren die Radrennfahrer so knapp hintereinander?

Radrennfahrer sind mit 50 und mehr Kilometer pro Stunde unterwegs. Bei diesem Tempo ist der Luftwiderstand schon

recht hoch. Wenn die Fahrer knapp hintereinander fahren wie die Waggons eines Zugs, muss der Fahrer an der Spitze die meiste Arbeit leisten und die Luft zur Seite drücken. Bevor die Luft hinter ihm wieder zusammenfließen kann, ist schon der Hintermann zur Stelle und fährt im Windschatten des Vordermannes mit. Die Fahrt in der Gruppe ist also viel weniger anstrengend. Von Zeit zu Zeit überlässt dann der Mann an der Spitze einem anderen Rennfahrer die Führungsarbeit. Manchmal geht es einem Fahrer aber zu langsam, er reißt aus und fährt der Gruppe davon. Auf einsamer Fahrt muss er aber nun viel kräftiger in die Pedale treten.

Was ist beim Freistilringen alles erlaubt?

Beim Ringen gibt es zwei Wettkampfarten: den griechisch-römischen Stil und den Freistil. Die Bezeichnung „griechisch-römisch" weist darauf hin, dass es Ringkämpfe schon bei den alten Griechen und Römern vor über 2 000 Jahren gegeben hat. Damals allerdings ging es nicht so fein zu wie bei heutigen Ringern. Man kämpfte mit allen Tricks und mancher Ringer blieb verletzt oder tot auf der Strecke. Heute sind im klassischen griechisch-römischen Stil nur bestimmte Griffe oberhalb der Gürtellinie erlaubt. Die Sportler dürfen einander nicht ins Gesicht oder an die Beine fassen. Ein wenig rauer geht es bei Freistilringern zu. Hier dürfen sich die Kämpfer auch das Bein stellen oder den Gegner am Bein packen und versuchen ihr Gegenüber auszuhebeln.

161

Warum gibt es verschiedene Gewichtsklassen?

Bei vielen Sportarten wäre es unfair, Riesenkerle und klein-
wüchsige, schmächtige Kämpfer gegeneinander antreten zu
lassen. Die Sportler werden nach Gewicht in Klassen einge-
teilt. Für die Ringer beispielsweise gibt es gleich zehn Ge-
wichtsklassen. Hier sind sie:

Papiergewicht	bis 48 Kilogramm
Fliegengewicht	52 kg
Bantamgewicht	57 kg
Federgewicht	62 kg
Leichtgewicht	68 kg
Weltergewicht	74 kg
Mittelgewicht	82 kg
Halbschwergewicht	90 kg
Schwergewicht	100 kg
Superschwergewicht	über 100 kg

Warum dürfen Ringer nicht richtig raufen?

Ringen ist ein harter Sport für starke Männer. Ihr Ziel ist es,
den Gegner so auf den Boden zu bekommen, dass er mit
beiden Schultern auf der Matte liegt. Das nennt man einen
Schultersieg. Wenn keinem der beiden Ringer ein Schultersieg gelingt, entscheiden die im Kampf gesammelten Punkte.
Aber anders als beim Boxen geht es hier nicht darum, den
Gegner kampfunfähig zu machen. Deshalb ist fast alles, was

zu einer richtigen Rauferei gehören würde, ein Foul: Ziehen an den Haaren oder Ohren, Würgen, Verdrehen der Arme oder Treten mit den Füßen – all das ist streng untersagt.

163

Essen
und Trinken

Wie viel isst ein Mensch im Lauf seines Lebens?

Während seines Lebens isst ein durchschnittlicher Mensch Lebensmittel mit einem Gesamtgewicht von 30 Tonnen; das entspricht dem Gewicht von sechs Elefanten.

Warum werden manche Menschen dick?

Jedes Lebewesen verbraucht ständig Energie. Tiere und Menschen nehmen diese Energie durch die Nahrung auf. Wenn wir mehr essen, als wir verbrauchen, wird die überflüssige Nahrung in Fett umgewandelt. Das Fett lagert sich als eine Art Polster unter der Haut ab. Gegen Dicksein hilft nur, weniger und gesündere Sachen zu essen und Sport zu treiben. Bei körperlicher Betätigung verbraucht der Körper mehr Energie. Aber nicht alle dicken Leute essen zu viel. Manchmal haben sie die Neigung zum Dickwerden geerbt. Sie verwerten die Nahrungsenergie besser als andere Menschen und nehmen zu, obwohl sie weniger essen.

Welche Lebensmittel machen dick?

Fettes Fleisch, viele Milchprodukte wie Butter und Käse, Süßigkeiten und Nahrungsmittel aus Weißmehl (Brot, Brötchen und Nudeln) machen dick. Schlank bleibt, wer viel Gemüse und Vollkornprodukte isst, zum Beispiel Vollkornnudeln, Vollkornbrot und braunen Reis.

165

Woher kommen Milch, Käse und Butter?

Alle Säugetiere ernähren ihre Jungen mit einer fetten, nahrhaften Flüssigkeit, der Muttermilch. Die Menschen sind die einzigen Lebewesen, welche auch die Muttermilch anderer Tierarten trinken, zum Beispiel die Milch der Rinder und der Ziegen. Daraus werden auch Lebensmittel wie Butter, Käse und Quark erzeugt. Die Milch der Kuh ist eigentlich für das Kalb gedacht.

Was geschieht mit den Kälbern einer Milchkuh?

Kühe geben nur Milch, wenn sie ein Kalb haben. In den großen Milchwirtschaftsbetrieben nimmt man der Kuh gleich nach der Geburt das Kälbchen weg. Das Kalb wird dann meist mit Kunstmilch gefüttert. Die Kuh gibt weiter Milch, sie wird maschinell gemolken. Sie muss immer wieder Kälbchen auf die Welt bringen, damit sie weiter Milch produzieren kann. Nach einigen Jahren kann die Milchkuh keine Milch mehr geben. Auf ökologisch wirtschaftenden Bauernhöfen haben es die Kühe und Kälber besser und dürfen einige Zeit miteinander verbringen.

Wo wurde das Sauerkraut erfunden?

Sauerkraut gilt überall als eine deutsche Spezialität. Der englische Spitzname für die Deutschen ist „Krauts" – weil sie

angeblich so viel Sauerkraut essen. Dabei ist Sauerkraut eine chinesische Erfindung. Dort ließ man fein geschnittene Weißkrautblätter schon vor 2 000 Jahren in Fässern zu Sauerkraut vergären. Das asiatische Volk der Tataren lernte das Geheimnis der Sauerkrautherstellung bei den Chinesen kennen und brachte es im Mittelalter nach Europa.

Bei welchen Baumsamen kann man den Inhalt trinken?

Die Kokosnuss enthält eine trinkbare Flüssigkeit, nämlich die süßlich schmeckende Kokosmilch. Diese Pflanzenmilch ist in einer Höhlung im weißen, fasrigen Samenfleisch enthalten. Kokosnüsse sind die Samen der tropischen Kokospalme. Die äußere Hülle dieser riesigen Nüsse ist wasserdicht. Wenn sie von der Palme fallen, kullern sie manchmal ins Meer und werden abgetrieben. Vielleicht wird die Kokosnuss nach Monaten oder Jahren wieder irgendwo an Land gespült. Nun kann der Samen austreiben, und vielleicht wächst dort eine neue Kokospalme. Auf diese Weise säen sich Kokospalmen von Insel zu Insel aus.

Wie kommen die Löcher in den Emmentaler Käse?

167

Bei der Reifung von Emmentaler Käse sind bestimmte Arten von Bakterien beteiligt, die Gase im sogenannten Käseteig

entwickeln. Diese Gase sammeln sich in Blasen und erzeugen die berühmten Löcher im Käse.

Wie entsteht Alkohol?

Beim Gärungsprozess von Kartoffeln, Getreide oder Früchten verwandeln winzige Hefepilze den in den Pflanzen enthaltenen Zucker und die Stärke in Alkohol um. Alkohol ist also ein Abfallprodukt dieses chemischen Prozesses. Hefepilze sind übrigens auch beim Brotbacken an der Arbeit. Sie erzeugen Gase, die den Teig locker machen. Unter diesen Gasen sind auch Alkoholdämpfe. Ein frischer Brotlaib kann deshalb auch ein klein wenig Alkohol enthalten.

Seit wann gibt es in Europa Möhren?

Viele beliebte Gemüsearten waren unseren Vorfahren im Mittelalter völlig unbekannt. Dazu zählt beispielsweise die südamerikanische Tomate, die erst nach der Entdeckung Amerikas ihren Weg nach Europa fand. Bis vor 200 Jahren hielt man Tomaten für schön, aber ungenießbar. Aber auch die Möhre oder Karotte ist ein junges Gemüse. Sie stammt aus Afghanistan. Dort lernten die alten Griechen, die auf ihren Feldzügen unter Alexander dem Großen bis tief nach Asien vorstießen, auch die Möhre kennen und brachten sie nach Europa. Allerdings nicht als Gemüse zum Essen, sondern als Heilpflanze. Erst vor 400 Jahren begann man in

Deutschland, Möhren anzupflanzen, zu züchten und zu essen.

Woraus besteht Marzipan?

Aus fein gestoßenen Mandeln und aus Zucker. Angeblich soll Marzipan im Mittelalter in der Stadt Lübeck erfunden worden sein. Als Feinde die Stadt belagerten, gingen die Lebensmittel zu Ende. Die Lübecker Bäcker hatten nur noch Mandeln und Zucker, und daraus machten sie Marzipan. Diese Geschichte ist allerdings ein Märchen. In Wirklichkeit stammt Marzipan aus Persien, das Rezept ist mindestens 1 000 Jahre alt.

Was heißt Apfelsine auf Deutsch?

Chinesenapfel. Apfelsinen und andere Zitrusfrüchte haben ihre Heimat in China. Holländische Kaufleute führten sie früher aus dem Fernen Osten ein und priesen die Früchte als „appelsien" (Apfel aus China) an. Andere Namen sind Orange und Pomeranze.

Wie viele Orangen kann ein Pflücker pro Tag ernten?

Heute werden Orangen in allen warmen Ländern angebaut. Riesige Plantagen gibt es zum Beispiel in Israel, Spanien und

Florida. Orangen wachsen auf Bäumen. Ein mittelgroßer Orangenbaum trägt etwa 20000 Orangen. Ein guter Pflücker kann einen Baum an einem Tag leer pflücken. Pro Orange braucht er etwa zwei Sekunden.

Warum glänzen Orangen?

Gekaufte Orangen haben eine glänzende Wachsschicht. Das hat folgenden Grund: Bei der Produktion von Orangen in riesigen Plantagen werden große Mengen von Pflanzenschutzmitteln versprüht. Nach dem Pflücken wäscht man die Orangen, um Rückstände der giftigen Spritzmittel von der Schale zu entfernen. Dabei geht die natürliche Schutzschicht verloren, die unbehandelte Orangen vor dem Vertrocknen bewahrt. Die Schutzschicht wird nun durch eine künstliche Wachsschicht ersetzt.

Woraus besteht Tee?

Schwarzer Tee besteht aus getrockneten Blättern und Knospen des Teestrauchs, die mit heißem Wasser aufgegossen werden. Er wird vor allem in China, Sri Lanka und Indien angebaut. Die Chinesen kennen dieses Getränk schon seit 2700 v. Chr. In Europa dagegen wird erst seit dem 17. Jahrhundert Tee getrunken. Neben dem schwarzen Tee gibt es auch Kräuter- und Früchtetees, die aus getrockneten Kräutern und Früchten hergestellt werden.

Warum stehen Reisfelder meist unter Wasser?

Das wichtigste Nahrungsmittel der Erde ist der Reis. Er ist das Grundnahrungsmittel für gut die Hälfte der Weltbevölkerung. Reis stammt aus Asien, wo er auch hauptsächlich angebaut wird. Die Bauern überfluten die Reisfelder mit Wasser, damit neben dem Reishalm kein Unkraut aufkommen kann.

Warum macht Backpulver den Kuchen locker?

Backpulver ist eine Mischung aus einer Substanz namens Natriumkarbonat und verschiedenen Salzen. Dieses Pulver zersetzt sich bei Hitze und zerfällt im Herd in seine gasförmigen Bestandteile. Im Teig entstehen Abertausende winziger Luftporen, die den Kuchen auflockern. Der Kuchen geht auf. Es gibt freilich auch andere Möglichkeiten, einen Teig aufgehen zu lassen. Beim Brotbacken verwendet man Hefepilze oder Sauerteig.

Was ist Sauerteig?

Sauerteig entsteht, wenn man eine Mischung aus Mehl und Wasser längere Zeit warm stellt. Dann entstehen Hefepilze, die den Teig säuerlich schmecken lassen – daher der Name. Hefepilze sind auch in der Hefe enthalten, die man im Laden kaufen kann. Nun wird der Sauerteig oder die Hefemischung

171

in den Brotteig eingeknetet. Die winzigen Hefepilze sondern Gase (Kohlendioxyd und Alkoholdämpfe) ab, die den Teig und damit das Brot auflockern.

Was ist der giftigste europäische Pilz?

Der giftigste europäische Pilz ist nicht der Fliegenpilz, sondern der Grüne Knollenblätterpilz. Sein Gift kann einen Menschen töten. Das Gift von Fliegenpilzen ist nicht ganz so gefährlich, ruft dafür aber Wahnvorstellungen hervor. Früher bereitete man aus Fliegenpilzen Salben. Das Gift gelangte über die Haut in den Blutkreislauf. Wer sich damit eincremte, bekam manchmal das Gefühl, fliegen zu können.

Welche Kastanien sind essbar?

Nur die Früchte der Edelkastanie, die vor allem im Mittelmeerraum wächst, kann man essen: Man nennt sie Maronen. Die Kastanien der bei uns beheimateten Rosskastanie dagegen sind ungenießbar. Sie werden jedoch im Winter manchmal an Rehe und anderes Wild verfüttert.

Woraus bestehen Gummibärchen?

172 Den Grundstoff von Gummibärchen bilden Schlachtabfälle. Der „Gummi" der Bärchen ist Gelatine. Das ist ein aus Knochen, Sehnen und anderen Schlachthausabfällen zusammen-

gekochter Leim. Dazu kommen verschiedene Geschmacks-stoffe, zum Beispiel Fruchtsäfte.

Woraus werden Cornflakes gemacht?

Cornflakes werden aus Mais hergestellt. Die Maiskörner werden zu Flocken gequetscht und dann zusammen mit Maismalz geröstet.

Welches ist das älteste Gemüse?

Zwiebeln waren das erste Gemüse, das von den Menschen angebaut wurde. Zwiebelbauern gab es schon vor 5 500 Jahren. Bei den alten Ägyptern ernährten sich die einfachen Leute fast nur von Zwiebeln und Brot. Wie kann man den Geschmack von Zwiebeln entschärfen? Man kocht die ganze geschälte Zwiebel eine Minute lang in Wasser, bevor man sie schneidet.

Womit süßte man im Mittelalter den Kuchen?

Mit Honig, denn Zucker war in Europa fast unbekannt. Zucker aus Zuckerrohr, das aus Indien stammte, war sehr teuer und wurde nur als Medikament verwendet. Nach der Entdeckung Amerikas wurde Rohrzucker auf den tropischen Inseln vor der Küste Mittelamerikas angebaut und kam auf Handelsschiffen nach Europa. Noch vor 200 Jahren konnte

173

sich in Deutschland kaum jemand Zucker leisten. Das änderte sich, als der französische Kaiser Napoleon den Seehandel zwischen Europa und Amerika sperrte. Man suchte einen Ersatz für den Rohrzucker und fand heraus, dass eine ganz bestimmte Rübensorte, nämlich die Zuckerrübe, ebenfalls Zucker liefern konnte.

Wer hat die Schokolade erfunden?

Erfunden wurde die Schokolade vor etwa 800 Jahren in Mexiko, und zwar als bitteres Getränk aus Wasser und Kakao. Mit den spanischen Eroberern kam die Schokolade nach Europa, wo man sie süß trank und später dann als Riegel verspeiste. Die Milchschokolade wurde erst 1875 erfunden.

Woraus besteht weiße Schokolade?

Aus Milch, Zucker und Kakaobutter. Das ist eine fettartige Substanz, die bei der Erzeugung von Kakao als Nebenprodukt entsteht. Richtiger Kakao ist in weißer Schokolade nicht enthalten.

Was ist der Unterschied zwischen Eiscreme und Eiswürfeln?

Wenn man Fruchtsaft in einem Behälter in das Tiefkühlfach stellt, friert er zu einem harten Eisklumpen – genauso wie

Wasser zu Eiswürfeln friert. Um richtige Eiscreme zu machen, muss die Flüssigkeit beim Einfrieren ständig gerührt werden. Nur so bekommt man Eiscreme anstelle von Eiswürfeln. Eine einfache Eismaschine besteht aus einem runden Behälter mit eiskalten Wänden. Hier hinein gießt man die flüssige Masse, die, je nach Eissorte, aus Wasser, Milch, Fett, Obst, Zucker und Geschmacksstoffen besteht. Diese Creme wird von einem Rührwerk ständig durchgerührt. Damit verhindert man, dass sie an den kalten Wänden des Behälters anfriert. Gleichzeitig wird Luft mit eingerührt. Die Masse wird immer kälter und steifer, kann aber nicht zu einem Eisklumpen zusammenfrieren.

Wirklichkeit oder Fantasie?

Gab es den Hunnenkönig Attila wirklich?

Ja. Er regierte bis zu seinem Tod im Jahr 453 ein Riesenreich in Osteuropa und kam auf seinen Kriegszügen bis tief nach Italien und Frankreich. Im Jahr 453 heiratete er eine germanische Fürstentochter. Beim Hochzeitsmahl verschluckte er sich an einem Hühnerknochen und erstickte. Der Name Attila stammt aus der Sprache der Goten und heißt wörtlich „Väterchen". Im Nibelungenlied tritt er als König Etzel auf. Seine germanische Ehefrau erscheint in der Sage als Kriemhild.

Welchem Fabeltier verdankt Graf Dracula seinen Namen?

Dem Drachen. Das rumänische Wort „Dracul" heißt auf Deutsch Drache. Graf Dracula ist eine Erfindung des Schriftstellers Bram Stoker. Die Idee, einen Blut saugenden „Untoten" zu schaffen, stammt aus der Sagenwelt des Balkans. Dort glaubte man tatsächlich an Vampire. Die Horrorgeschichten um Graf Dracula spielen daher auch auf dem Balkan, genauer in Transsilvanien oder Siebenbürgen in Rumänien.

Wie endete Frankensteins Monster?

177

Professor Frankenstein und das von ihm erschaffene Ungeheuer sind Figuren eines Romans der Engländerin Mary

Wollstonecraft Shelley. Die Originalgeschichte endet damit, dass das aus Leichenteilen zusammengeflickte und vom Professor zum Leben erweckte Monster in die arktische Eiswüste stapft. Es wurde nie mehr gesehen ...

Gab es den Baron von Münchhausen wirklich?

Ja. Der deutsche Adelige lebte von 1720 bis 1797. Er war ein Abenteurer und Haudegen. Später liebte er es, seine Gäste mit unglaublichen Geschichten zu unterhalten, die er angeblich selbst erlebt hatte. Der Dichter Gottfried August Bürger schrieb die Münchhausen-Geschichten auf und brachte sie 1786 als Buch heraus.

Wie starb der Gangsterboss Al Capone?

Al (Alphonse) Capone war einer der berüchtigtsten Gangsterbosse in der Geschichte des Verbrechens. Zehn Jahre lang, von 1921 bis 1931, war er als „Scarface" (Narbengesicht) der König der Unterwelt von Chicago. Auf sein Konto gingen zahlreiche Morde. Trotzdem gelang es der Polizei und den Gerichten nicht, den Gangsterboss eines Verbrechens zu überführen. Als er 1931 hinter Gitter wanderte, war das nicht wegen Mordes, Erpressung oder Drogenhandels, sondern wegen Steuerhinterziehung. Das war das Einzige, was man ihm nachweisen konnte: Al Capone hatte keine Steuern bezahlt. Neun Jahre saß er im Gefängnis, bis er wegen Krank-

heit begnadigt und freigelassen wurde. Ein paar Jahre später starb er friedlich im Bett.

Welche Heldentat vollbrachte der Glöckner von Notre-Dame?

Der Glöckner von Notre-Dame war ein buckliger Mann namens Quasimodo, der im Dachstuhl und in den Türmen der Kathedrale hauste. Bei einem Brand rettete er die schöne Esmeralda vor dem Feuer. Doch leider gab es diesen Helden nicht wirklich. Quasimodo ist eine Erfindung des französischen Schriftstellers Victor Hugo.

Gab es Winnetou wirklich?

Winnetou, der Häuptling der Apachen, entstammt ganz der Fantasie des deutschen Schriftstellers Karl May. Der berühmte Häuptling ist Held einer ganzen Serie von Wildwestromanen. Sein Partner ist der weiße Abenteurer Old Shatterhand – die „alte Schmetterhand". Der Sachse Karl May schrieb die meisten seiner Romane, bevor er sich in Amerika überhaupt einmal umgesehen hatte.

Gibt es Kirchenmäuse wirklich?

179

„Arm wie eine Kirchenmaus" – so nennt man jemanden, der wirklich kein Geld hat. Und Kirchenmäuse sind tatsächlich

arm dran. Sie ernähren sich von abgestorbenen Hautteilen, die Kirchenbesucher während des Gottesdienstes verlieren, von Wachstropfen, die auf den Boden fallen, und von ähnlichen Dingen. Sehr nahrhaft ist dieses Futter nicht; trotzdem gibt es sie wirklich, die Kirchenmäuse.

Wovon ernähren sich Bücherwürmer?

Bücherwürmer sind kleine, flügellose Insekten. Sie ernähren sich von abgestorbenen Pflanzen, also auch von Altpapier. Bücherwürmer gibt's wirklich und sie fressen in der Tat Bücher. Früher richteten sie in Bibliotheken große Schäden an.

Hat Robinson wirklich gelebt?

Im Buch „Robinson Crusoe" lebt Robinson ganz allein auf seiner Insel, bis er endlich einen Gefährten findet, einen Eingeborenen namens Freitag. Später werden die beiden gerettet. Robinson Crusoe und Freitag sind Figuren aus dem Roman von Daniel Defoe. Das Vorbild für diese Geschichte waren die wirklichen Erlebnisse eines schottischen Matrosen namens Alexander Selkirk. Ihn hatte es im Jahr 1704 bei einem Schiffbruch auf eine menschenleere Insel verschlagen. Dieser echte Robinson überstand fünf einsame Jahre auf seiner Insel und kehrte dann nach seiner Rettung in seine Heimat zurück.

Wann lebte Till Eulenspiegel?

Der berühmte Schelm Till Eulenspiegel lebte vor 700 Jahren in Niedersachsen. Er spielte vor allem den Städtern und Handwerkern saftige Streiche. Später wurden seine Abenteuer aufgeschrieben und dabei kräftig ausgeschmückt. Till-Eulenspiegel-Geschichten zählten zu den ersten Büchern, die überhaupt gedruckt wurden.

Wem begegnete Gulliver?

Held des Buchs „Gullivers Reisen" von Jonathan Swift ist der Schiffsarzt Lemuel Gulliver. Auf einer seiner Reisen verschlägt es ihn zu den winzigen Liliputanern; denen erscheint er riesengroß. Oft bezeichnet man sehr, sehr kleine Menschen mit diesem Ausdruck.

Hat es einen echten Tarzan gegeben?

Tarzan ist eine Romanfigur des amerikanischen Schriftstellers Edgar Rice Burroughs. Die Tarzan-Bücher erzählen vom Sohn eines englischen Lords, der nach einem Schiffbruch in Afrika von Schimpansen aufgezogen wurde. Durch seine überlegene Intelligenz schwang sich Tarzan zum Herrn der Affen und des Dschungels auf. Später begegnete er anderen Menschen, blieb aber seinen Affen treu. Diese Geschichten sind reine Fantasie.

Können Kinder von Tieren aufgezogen werden?

Früher kam es tatsächlich vor, dass kleine Kinder in der Wildnis ausgesetzt wurden oder verloren gingen und trotzdem überlebten. Sie wurden von Tieren, oft von Wölfen, angenommen und gesäugt. Später lebten sie mit den Tieren in der Wildnis. Vor allem aus Indien sind wahre Geschichten von sogenannten Wolfskindern bekannt. Solche Kinder lernten niemals sprechen. Auch wenn sie später von Menschen gefunden und betreut wurden, begriffen sie nicht mehr, dass sie keine Tiere waren. Die Wolfskinder liefen weiterhin am liebsten auf allen vieren und fraßen rohes Fleisch aus Näpfen. In menschlicher Umgebung starben sie alle bald. Ein Menschenbaby braucht von Anfang an Menschen um sich, um die Sprache zu erlernen und um sich als Mensch fühlen zu können.

Wen heilte Dr. Doolittle?

Dr. Doolittle ist eine Figur aus den Kinderbüchern von Hugh Lofting. Um Tieren besser helfen zu können, erlernt der Tierarzt ihre Sprache.

Wer war Götz von Berlichingen?

Der Ritter Götz von Berlichingen hat im späten Mittelalter wirklich gelebt. Er war ein gefürchteter Haudegen, der im

Kampf eine Hand verlor. Fortan trug er eine Prothese. Man nannte ihn auch den „Ritter mit der Eisernen Hand". Seine Lebensgeschichte inspirierte Goethe zum Schauspiel „Götz von Berlichingen", in dem auch das bekannte Götz-Zitat vorkommt.

Von wem wurde Moby Dick gejagt?

Einer der Helden des Romans „Moby Dick" von Herman Melville ist ein weißer Wal. Sein Gegenspieler ist der Walfänger Kapitän Ahab, der Moby Dick, den Wal, über alle Meere jagt. Ahab sieht das Ziel seines Lebens darin, den Wal zu töten, und kommt dabei selbst um. Moby Dick ist zwar eine Fantasiefigur, aber weiße Wale gibt es tatsächlich. Bei allen Arten treten bisweilen Albinos auf. Das sind Tiere, bei denen keine Farbpigmente entwickelt werden. Sie bleiben an Haut und Haaren farblos, das heißt weiß.

Gab es Sherlock Holmes wirklich?

Nein. Der berühmte Detektiv Sherlock Holmes ist eine Fantasiefigur. Sie entstammt den Romanen des englischen Autors Arthur Conan Doyle. Die Sherlock-Holmes-Romane waren so erfolgreich, dass mit der Zeit immer mehr Leser glaubten, den scharfsinnigen Kriminalisten müsse es wirklich geben. Sie wandten sich sogar an seine Romanadresse (Baker Street, London).

183

Wer war Robin Hood?

Robin Hood ist eine englische Sagenfigur. Es gab ihn niemals wirklich. Viele Bücher und Filme erzählen davon, wie der edle Räuber im englischen Sherwood Forest reiche Kaufleute beraubt und das Geld unter die Armen verteilt hat, weil er Mitleid mit ihnen hatte.

Wann lebte und kämpfte Sitting Bull?

Sitting Bull, der Häuptling der Dakota, hat wirklich gelebt. Er war Chef der indianischen Streitmacht, die 1876 in der Schlacht am Little Big Horn eine Armee der Weißen besiegte. Es war dies die letzte für die Indianer erfolgreiche Schlacht im Krieg gegen die Armee der Vereinigten Staaten. Später unterzeichnete Sitting Bull (Sitzender Stier) einen Friedensvertrag mit der Regierung.

Wer waren Romeo und Julia?

Das berühmte Liebespaar Romeo und Julia hat es nicht wirklich gegeben. Sie sind eine Erfindung von William Shakespeare und die Helden seines gleichnamigen Theaterstücks. Ihre Geschichte handelt von der Liebe zweier junger Leute, die aus verfeindeten Familien stammen. Sie wollen heimlich heiraten, doch der Plan misslingt, und das Liebespaar findet den Tod.

184

Wodurch wurde Buffalo Bill berühmt?

Der Westernheld Buffalo Bill hieß mit bürgerlichem Namen William Frederick Cody. Er lebte im vorigen Jahrhundert als Bisonjäger in Amerika und wurde Buffalo Bill, also „Bison-Willi" genannt, weil er sich rühmte, pro Jahr 6 000 Bisons eigenhändig erschossen zu haben. Als die mächtigen Tiere fast ausgerottet waren, zog er als Kunstschütze mit einem Zirkus durch das Land.

Hat es Käpt'n Hook und John Silver wirklich gegeben?

Die berüchtigten Piraten sind beide Romanfiguren. Käpt'n Hook stammt aus dem Buch „Peter Pan", John Silver aus „Die Schatzinsel".

Hat es früher echte Hexen gegeben?

In den Märchen und Sagen aller Völker spielen Hexen eine wichtige Rolle. Sie gelten als zauberkundige Frauen, die ihre magischen Fähigkeiten zum Wohl und Wehe der Menschen einsetzen können. In unseren Märchen sind Hexen meist böse. Es kommen aber auch gute „weiße" Hexen vor, die Menschen und Tiere heilen und Unglück abwenden können. Hexen gab es niemals wirklich. Doch im abergläubischen Mittelalter war man davon überzeugt, dass Hexen die Schuld

185

an Unwettern, Seuchen und Krankheiten hatten. Dieser Hexenwahn kostete vermutlich Zehntausende unschuldiger Frauen das Leben. Verdächtig waren vor allem Frauen, die sich in der Kräutermedizin auskannten. Oft reichte es auch schon aus, rote Haare zu haben. Priester und Richter beschuldigten sie, ihre Seele dem Teufel verkauft zu haben. Eine Frau, die als Hexe vor Gericht kam, hatte keine Chance. Sie wurde so lange gefoltert, bis sie ihre angeblichen Untaten gestand. Das galt als Beweis und die „Hexe" wurde auf dem Scheiterhaufen verbrannt. Die Hexenprozesse endeten erst vor 200 Jahren.

Was sind Kannibalen?

Kannibalen sind Menschenfresser. Das sind Menschen, die bei bestimmten Gelegenheiten, zum Beispiel bei Festen oder nach Kriegszügen, Leichenteile verspeisen. Kannibalen hat es zu allen Zeiten in der Menschheitsgeschichte gegeben. Funde in Lagern und Gräbern der Steinzeitmenschen zeigen, dass den Toten oft der Schädel gespalten wurde – wahrscheinlich, um das Hirn aufzuessen. In manchen abgelegenen Teilen der Erde gibt es auch heute noch Völker, bei denen es üblich ist, die Leichen getöteter Feinde oder verstorbener Angehöriger zu essen. Kannibalen glauben, mit Herz oder Hirn auch den Mut und den Verstand der Toten in sich aufzunehmen. Auf uns wirkt dieser Brauch grässlich und abstoßend. Für die Kannibalen selbst gehört das zu ihrer Kultur – so wie es für uns normal ist, das Fleisch von Tieren zu essen.

Wer war Sankt Nikolaus?

Der 6. Dezember ist Nikolaustag. Seit dem Mittelalter ist es Brauch, dass an diesem Tag ein als Nikolaus verkleideter Mann den Kindern Geschenke bringt – oder ihnen mit der Rute droht. Die Gestalt des Sankt Nikolaus geht auf einen Bischof zurück, der im frühen Mittelalter in der heutigen Türkei gelebt hat. Eine Legende erzählt, der Bischof Nikolaus habe drei Kinder wieder zum Leben erweckt, die von Räubern umgebracht wurden. Seither gilt er als Schutzpatron der Kinder und Schüler. In den Klosterschulen des Mittelalters bekamen die Schüler am 6. Dezember, dem Namenstag von Sankt Nikolaus, kleine Geschenke. Später wurde es Brauch, den guten Nikolaus vom bösen Krampus oder Knecht Ruprecht begleiten zu lassen. Der Krampus verkörperte den Teufel und war für Strafen und Rutenschläge zuständig.

Wo wurde der Weihnachtsmann erfunden?

In Nordamerika und anderen englischsprachigen Ländern heißt Sankt Nikolaus Santa Claus. Vor etwa 150 Jahren wurde es in Amerika Brauch, den Nikolaustag mit Weihnachten zu verbinden. Santa Claus brachte die Geschenke nun nicht mehr am 6. Dezember, sondern – als Weihnachtsmann – am Weihnachtsabend oder am Weihnachtstag. Nach und nach kam dieser Brauch auch nach Europa. Der Weihnachtsmann ist ähnlich wie Sankt Nikolaus gekleidet und

187

tritt als weißbärtiger alter Mann mit rotem Mantel und Mütze auf.

Woher stammt die Geschichte vom Osterhasen?

Zu Ostern ist es Brauch, dass Kinder die vom Osterhasen gelegten und versteckten Eier (und andere Geschenke) in der Wohnung oder im Garten suchen. Natürlich gibt es keine wirklichen Osterhasen. Die Kindergeschichten vom Eier legenden Hasen entstanden im Mittelalter. Damals war es den armen Leuten erlaubt, zur Osterzeit auf Hasenjagd zu gehen. (Zu anderen Zeiten des Jahres durften nur die Adligen jagen.) Zu Ostern gab es aber auch bemalte oder gefärbte Hühnereier. So kam es, dass man den Kindern erzählte, die Hasen hätten die Eier gebracht.

Menschen
und ihre Geschichte

Woher hat der Neandertaler seinen Namen?

Wir Menschen haben uns im Laufe von Millionen Jahren aus affenartigen Wesen zum heutigen Menschen (Homo sapiens) entwickelt. Dabei entstanden immer wieder urtümliche Menschenarten, die später wieder ausstarben. Einer dieser urzeitlichen Verwandten des modernen Menschen war der Neandertaler: ein starkknochiger, stämmiger Menschentyp, der bis vor etwa 40 000 Jahren in der Eiszeit lebte. Überreste eines Neandertalers wurden erstmals im Jahr 1865 in einer Höhle im Neandertal (in der Nähe von Düsseldorf) gefunden; daher der Name.

Sahen die Neandertaler anders aus als wir?

Die Neandertaler waren dem heutigen Menschentyp recht ähnlich. Vom modernen Menschen unterschieden sie sich durch ihre starken Augenwülste und durch das fliehende Kinn. Sie hatten insgesamt ein spitzes Gesicht. Trotzdem würde ein Neandertaler in moderner Kleidung in einer Großstadt nicht sonderlich auffallen.

Konnten die Steinzeitmenschen sprechen?

Die Neandertaler konnten miteinander sprechen, auch wenn ihre Sprache in unseren Ohren sehr sonderbar geklungen hätte. Bestimmte Laute konnten sie nämlich nicht bilden. Sie

hatten Werkzeuge, bestatteten ihre Toten und waren in ihrer Lebensweise an das kalte Klima der Eiszeit gut angepasst. Insgesamt waren sie ein an ihre Umwelt gut angepasster Menschentyp.

Warum starben die Neandertaler wieder aus?

Es entwickelte sich zu ihrer Zeit eine andere Unterart des Menschen: der Cromagnonmensch, von dem wir modernen Menschen abstammen. Cromagnonmenschen waren bessere Handwerker und Künstler als die Neandertaler, und vielleicht waren sie auch intelligenter. Eine Zeit lang lebten die Neandertaler und unsere Ahnen in denselben Gebieten. Vielleicht teilten sie sich sogar große Höhlen. Doch vor 35 000 Jahren verschwanden die Neandertaler aus der Geschichte. Manche Forscher glauben, dass sie von den modernen Menschen ausgerottet wurden; andere sind davon überzeugt, dass sie sich mit ihnen vermischt haben. Wenn das stimmt, dann stammen wir heutigen Menschen zumindest teilweise auch von den Neandertalern ab.

Wie kamen die Steinzeitmenschen zu Feuer?

Die erste und wichtigste Lichtquelle für die Steinzeitmenschen war die Sonne. Die Nächte in der Frühzeit des Menschen waren dunkel. Das Feuer holten sich die Menschen der Steinzeit aus Bränden nach Blitzschlägen. Bald lernten sie,

191

durch Reiben von Holzstücken so viel Hitze zu erzeugen, dass trockener Schwamm (Zunder) zündete. Das Feuer, in dem Holz und fetthaltige Knochen verbrannt wurden, diente in erster Linie zum Kochen und Wärmen. Heller Feuerschein vertrieb aber auch wilde Tiere.

Wie beleuchteten die Höhlenmaler ihre Höhlen?

Die ersten Lampen bauten unsere Vorfahren vor etwa 30 000 Jahren. Sie bestanden aus Stein- oder Knochenschalen, in denen Tierfett brannte. Solche Tranfunzeln verbreiteten ihr trübes Licht im Inneren der Höhlen. Sie gaben gerade so viel Schein, dass die Künstler unter den Höhlenmenschen ihre Bilder an die Wände abgelegener, finsterer Höhlen malen konnten. Fast die gesamte Menschheitsgeschichte lang dienten Flammen als Lichtquellen. Sie wurden von Fett und Öl, von Wachs und schließlich von Petroleum und Gas gespeist. (Die erste Lichtquelle, bei der direkt an der Lichtquelle nichts verbrannt werden musste, nämlich die elektrische Glühlampe, wurde erst im vorigen Jahrhundert erfunden.)

Wovon lebten die Steinzeitmenschen?

Die längste Zeit über lebten die Menschen in der Steinzeit als Sammler und Jäger. Sie pflanzten nichts an, sondern ernährten sich hauptsächlich von wild wachsenden Pflanzen, zum Beispiel Grassamen, Früchten, Wurzeln und Pilzen. Für das

Einsammeln waren die Frauen zuständig. Die Männer jagten Tiere mit Speeren, Pfeil und Bogen und Wurfkeulen, oder sie trieben das Wild in Fallgruben und Abgründe. Menschen, die sich auf diese Weise ihre Nahrung beschaffen, nennt man auch Wildbeuter. Ihre Waffen und Werkzeuge fertigten sie aus Stein, Knochen und Holz. Wenn sie ihr Sammel- und Jagdrevier ausgebeutet hatten, zogen sie weiter, bis sie in ein Gebiet kamen, wo genügend Tiere lebten, die Natur ihnen genug zum Überleben bot und wo sie für eine Zeit ihr Lager aufschlagen konnten. Es gibt auch heute noch Völker, die als Sammler und Jäger leben, zum Beispiel Indios im südamerikanischen Regenwald und Aborigines in Australien.

Seit wann gibt es Bauern?

Vor etwa 10 000 Jahren siedelten sich erstmals Menschen in Dörfern an. Sie lernten, bestimmte essbare Grassamen wie die Getreidekörner wieder auszusäen, anstatt immer gleich alles aufzuessen. Die Felder wurden gepflegt und vom Unkraut befreit, und zur Erntezeit sammelte man die Feldfrüchte ein. Außerdem wurden Tiere wie Schafe und Ziegen, später auch Rinder gezüchtet. Das Dasein als Bauern war eine völlig neue Lebensform. Die Menschen mussten nun an Ort und Stelle bleiben und feste Häuser bauen. Um die Vorräte aufbewahren zu können, baute man Speicher und lernte, aus Ton Gefäße zu töpfern. Berufe wie die des Töpfers, Ziegelbrenners oder Zimmermanns entstanden.

193

Woher hat die Steinzeit ihren Namen?

Verschiedene Zeitalter der Menschheitsgeschichte sind nach dem Material benannt, aus dem die Menschen ihre Werkzeuge und Waffen bauten. In der Steinzeit waren dies vor allem Stein, Holz und Tierknochen. In Europa dauerte die Steinzeit bis vor 4000 Jahren. In anderen Teilen der Welt leben die Menschen noch heute auf einer steinzeitlichen Kulturstufe. Zu diesen Völkern gehören zum Beispiel auch die Aborigines in Australien und verschiedene Indiovölker im südamerikanischen Regenwald. Auch die nordamerikanischen Indianer kannten vor Ankunft der Weißen kein Metall.

Wann war die Bronzezeit?

Bronze ist eine Mischung aus Kupfer und anderen Metallen, zum Beispiel Zinn. Vor etwa 5000 Jahren begannen die Menschen in Asien und Nordafrika, 1000 Jahre später auch die Europäer, Werkzeuge und Waffen aus Bronze zu schmieden. Damit begann die Bronzezeit. Dieses Metall ist leichter zu bearbeiten als Eisen, allerdings auch weicher. Die berühmten Krieger der griechischen Heldensagen wie Herakles (Herkules) und Odysseus kämpften mit Bronzeschwertern. Deshalb mussten sie mitten in der Schlacht immer wieder Kampfpausen einlegen. Die Schwerter hatten sich verbogen und wurden wieder zurechtgeklopft. Die Bronzezeit dauerte bis vor ungefähr 2500 Jahren.

Wer fand die Ruinen von Troja?

In einer der berühmtesten Heldengeschichten der Welt, in der Ilias des griechischen Dichters Homer, geht es um den Untergang der sagenhaften Stadt Troja. Die Ilias spielt in der Zeit vor 3000 Jahren, also in der Bronzezeit. Man hielt die Geschichte immer für ein Märchen. Doch vor 150 Jahren setzte sich der deutsche Kaufmann Heinrich Schliemann in den Kopf, Troja zu finden. Er nahm die Ilias ernst und suchte im Nordwesten der Türkei. Im Jahr 1873 stieß er tatsächlich auf Überreste einer einst mächtigen Stadt und fand verborgene Schätze aus Gold und Silber. Die Ausgrabungen zeigten, dass Troja tatsächlich durch Krieg und Feuer zerstört wurde.

Wozu braucht man Bronze heute?

Seit alters her arbeiten Bildhauer mit Bronze. Um eine Bronzestatue zu gießen, braucht man eine Hohlform, die man mithilfe eines Gipsmodells der künftigen Statue formt. Die Hohlform wird mit flüssiger Bronze ausgegossen und später weggeschlagen. Übrig bleibt die Bronzeplastik. Antike Bronzestatuen sind mit einer graugrünen Schicht überzogen. Diese Art Rost nennt man Patina. Fachleute untersuchen die Patina und stellen fest, ob sie wirklich alt ist. Bei sportlichen Wettkämpfen werden Gold-, Silber- und Bronzemedaillen vergeben; der Dritte erhält Bronze.

195

Woher kommt das Eisen?

Eisen ist das wichtigste Metall. Menschen gewinnen es seit 3 000 Jahren aus Eisenerz und schmieden daraus Werkzeuge und Waffen. Eisenerz ist ein Gestein, das Eisen enthält. Man muss es aus den Gesteinsbrocken bei Temperaturen zwischen 1 200 und 1 400 Grad Celsius herausschmelzen. Das Eisenerz wird in Bergwerken abgebaut und in einem Hochofen gemeinsam mit Kohle und anderen Stoffen so hoch erhitzt, dass das darin enthaltene Eisen flüssig wird. Es trennt sich von der Schlacke und kann weiterverarbeitet werden.

Woher hatten die Inuit das Eisen?

Viele Naturvölker wie die amerikanischen Indianer und die australischen Aborigines lernten das Eisen erst von den Weißen kennen. Nur die grönländischen Inuit verwendeten seit jeher Eisengeräte. Sie gewannen es aus eisernen Meteoriten, die auf die Erde fielen.

Warum heißen so viele Menschen „Schmied"?

Für unsere Vorfahren war die Produktion von Eisen in Eisenhütten und seine Verarbeitung in Schmieden ein komplizierter Prozess, der von Spezialisten betrieben wurde. Schmiede waren daher hoch angesehene Leute und ließen sich gerne als „Schmied" rufen. Deshalb gibt es heute so viele Familien

namens Schmied oder Schmitt, und das in allen europäischen Sprachen. Die in ihren Ländern sehr häufigen Familiennamen Lefevre (Frankreich), Kovacs (Ungarn), Smith (England) und Sapponen (Finnland) heißen auf Deutsch alle Schmied.

Wie viele verschiedene Sprachen gibt es auf der Welt?

Auf der ganzen Welt werden heute etwa 5000 Sprachen gesprochen. Bei dieser Zählung gilt jedoch auch das Plattdeutsche als eine eigene Sprache. Die größte Sprachenvielfalt gibt es in den Ländern der dritten Welt. Beispielsweise verständigen sich allein die Bürger Indiens in 800 verschiedenen Sprachen. 16 dieser Sprachen, darunter Englisch und Hindi, sind offizielle Amtssprachen.

Was ist die meistgesprochene Sprache in Europa?

Die russische Sprache. Sie ist Muttersprache für 130 Millionen Russen und wird auch von 50 Millionen Weißrussen und Ukrainern (als Zweitsprache) gesprochen. Deutsch ist die Muttersprache für etwa 100 Millionen Europäer.

Welche Sprachen werden in Afrika gesprochen?

197

In Afrika gibt es fast 1000 verschiedene Sprachen. Viele von ihnen sind miteinander so eng verwandt wie beispielsweise

Deutsch und Niederländisch; andere sind völlig verschieden voneinander. Ein Buschmann kann sich mit einem Zulu ebenso wenig verständigen wie ein Mongole mit einem Franzosen. Die beiden größten „Sprachfamilien" sind die Bantusprachen und die Sudansprachen. Dazu kommt die arabische Sprache, mit der sich die meisten Nordafrikaner verständigen, und das Afrikaans der weißen Südafrikaner. Afrikaans ist dem Niederländischen sehr ähnlich und wird von den Buren, den Nachfahren der holländischen Einwanderer, gesprochen. Die Sprachenvielfalt stellt die Regierungen und Schulen vor große Probleme. Allein in Kamerun leben Dutzende Völker mit eigenen Sprachen. Als gemeinsame Sprache dient daher in den meisten schwarzafrikanischen Ländern die Sprache der ehemaligen europäischen Kolonialmächte. So verständigt man sich in der früheren französischen Kolonie Kamerun auf Französisch, in Kenia auf Englisch, in Angola auf Portugiesisch und in Namibia auch auf Deutsch.

Wann in der Geschichte gab es die erste Religion?

Seit es denkende Menschen gibt, stellen sie sich religiöse Fragen. Die meisten Menschen glauben an eine höhere, göttliche Macht, die die Geschicke der Menschen lenkt und die dafür sorgt, dass die Menschen auch nach dem Tod auf irgendeine Weise weiterleben. Anzeichen für einen religiösen Glauben finden sich sogar schon bei den Menschen der Frühzeit. Die

Neandertaler, eine vor ungefähr 40 000 Jahren ausgestorbene Menschenart, bestatteten ihre Toten und schmückten die Gräber mit Blumen. Forscher schließen daraus, dass schon die Neandertaler an eine andere Welt glaubten, in die Verstorbene nach ihrem Tod eingingen.

Welche Religionen lehren die Wiedergeburt?

Die meisten Religionen lehren, dass ein Mensch nach seinem Tod für seine guten Taten belohnt und für seine Übeltaten bestraft wird. In den ostasiatischen Religionen glaubt man nicht an Himmel und Hölle. Stattdessen stellt man sich vor, dass die Menschen immer wieder auf die Erde zurückkehren müssen – so lange, bis sie endlich ein gutes Leben geführt haben. Im Hinduismus, der Hauptreligion Indiens, sind die Gläubigen davon überzeugt, dass dieses Leben darüber entscheidet, wie das nächste aussieht. Wer ein gutes Leben führt, barmherzig ist und keine Menschen oder Tiere tötet, wird auch in seinem nächsten Leben glücklich sein. Ein Bösewicht hingegen wird das nächste Mal wahrscheinlich ein erbärmliches Leben haben. Er kann sogar auf einer niedrigeren Stufe, nämlich als Tier wieder geboren werden. Alle Taten wirken sich im nächsten Leben aus; der Mensch bestraft sich also selbst. Dieses Gesetz bezeichnet man in der hinduistischen und buddhistischen Religion als „Karma". Auch manche christlichen Gruppen, wie zum Beispiel die Anthroposophen, lehren die Wiedergeburt.

199

Hat es früher Moslems in Europa gegeben?

Im frühen Mittelalter war der größte Teil Spaniens moslemisch, es herrschten hier maurische (nordafrikanische) Kalifen. Ihr letztes Reich – nämlich das Kalifat Granada – zerfiel im Jahr der Entdeckung Amerikas durch Kolumbus, also 1492. Auch Südosteuropa wurde viele Jahrhunderte lang von den moslemischen Türken beherrscht. Die islamischen Machthaber duldeten in ihrem Reich auch andere Religionen. Damit waren sie viel toleranter als die meist unduldsamen und fanatischen christlichen Herrscher in West- und Nordeuropa. Gegen Ende des 19. Jahrhunderts mussten sich die Türken von der Balkanhalbinsel zurückziehen, ihr Osmanisches Reich zerfiel. Heute gibt es traditionelle moslemische Gemeinschaften nur noch in Bosnien. Allerdings bringen die Einwanderer aus der Türkei und aus den arabischen Ländern ihre islamische Religion nach Mitteleuropa mit, und es entstehen neue islamische Glaubensgemeinschaften.

Warum sind so viele Burgen heute nur noch Ruinen?

Die Ritterburgen des Mittelalters waren für Feinde fast unbezwingbar. Sie standen oft auf steilen Felsen oder waren von breiten Wassergräben umgeben. Dicke und hohe Mauern schützten den Burghof, in dem bei Gefahr die Bewohner der umliegenden Dörfer Schutz suchten. In der Burg selbst

wohnten die Ritter mit ihren Familien und die Bediensteten. Das Leben auf einer Ritterburg war keine angenehme Sache. Der Wind pfiff durch die unverglasten Fenster, es gab kein fließendes Wasser, und die meisten Burgbewohner schliefen auf Strohsäcken in Gemeinschaftsräumen. Die große Zeit der Ritterburgen ging zu Ende, als Kanonen erfunden wurden. Nur sehr reiche Burgherren konnten ihre Anlagen so verstärken, dass sie auch Kanonenkugeln standhielten. Die meisten Burgen erfüllten nun keinen Zweck mehr. Sie wurden von ihren Bewohnern verlassen und verfielen zu Ruinen, die heute nur noch Zeugen der Zeit sind.

Was sind Hieroglyphen?

Die Schriftzeichen der alten Ägypter. Übersetzt heißt das „heilige Schriftzeichen".

Warum „radierte" man im Mittelalter oft ganze Bücher wieder aus?

Aus Sparsamkeit. Mönche schrieben die Bücher mit der Hand auf teures Pergament, das aus Tierhäuten gefertigt wurde. Papier war noch unbekannt. Statt frisches Pergament zu kaufen, benutzte man bisweilen alte Bücher, die man nicht mehr brauchte. Von den beschriebenen Seiten wurde die Tinte wieder abgekratzt. So konnte man neue Bücher schreiben.

201

Wo gab es die ersten gedruckten Bücher?

Die allerersten Buchdrucker waren schon vor 2800 Jahren in China und Korea am Werk. Sie schnitzten Bilder und Texte in einen Holzblock. Dieser Druckstock wurde mit Farbe bestrichen. Dann presste man ein Blatt Papier auf den Druckstock und fertig war der Druck. Für jede Buchseite musste ein eigener Holzblock angefertigt werden, eine sehr mühselige Arbeit. Sehr viel später, im Jahr 1050, kam der chinesische Gelehrte Pi Sheng auf die Idee, bewegliche Lettern in den Druckstock einzusetzen. Diese Stempel bestanden aus Holz oder Porzellan. Wenn der Druck beendet war, konnte man die Lettern wieder aus dem Druckstock nehmen und für ein neues Buch verwenden. Die Sache erwies sich aber als unpraktisch. In der chinesischen Schrift gibt es für jedes Wort ein eigenes Schriftzeichen. Es war einfach zu mühsam, mit so vielen Lettern zu arbeiten.

Wieso ist der Buchdruck in Europa entstanden?

Vor 550 Jahren entwickelte der Goldschmied Johannes Gutenberg in Deutschland eine Methode, wie man Bücher drucken konnte. Gutenberg hatte gegenüber seinen chinesischen Druckerkollegen einen riesigen Vorteil: In den europäischen Schriften hat nicht – wie in China – jedes Wort, sondern nur jeder Buchstabe ein eigenes Zeichen. Und weil es viel weniger verschiedene Buchstaben als verschiedene

Wörter gibt, kommt man bei uns auch mit viel weniger verschiedenen Lettern aus.

Was war am Buchdruck so wichtig?

Der Buchdruck ist eine der wichtigsten Erfindungen der Menschheit. Nun musste man nicht mehr jedes einzelne Buch mit der Hand schreiben, sondern konnte von jedem Buch Hunderte oder Tausende Exemplare drucken. Zur gleichen Zeit lernten die Europäer, Papier herzustellen. Erstmals in der Geschichte der Menschheit war es möglich, Bücher herzustellen, die sich nicht nur reiche Leute leisten konnten.

Woraus besteht Papier?

Der Grundstoff von Papier ist Holz. Um daraus Papier zu machen, muss man die Holzfasern zerkleinern und dafür sorgen, dass sie aneinanderkleben. Das geht so: Man zerkleinert ganze Baumstämme in zwei Zentimeter lange Späne, die mit Wasser und Chemikalien zu einem Brei verrührt werden. Dieser Papierbrei wird gekocht, gebleicht und wieder gewaschen. Dann stampft man den Brei, um die verbliebenen Holzschnitzelchen zu zerkleinern. In der Papiermaschine wird er noch einmal gemixt und immer weiter getrocknet. Walzen pressen das restliche Wasser heraus und drücken die Fasern zusammen. Das feuchte Papier wird schließlich getrocknet, aufgerollt und zerschnitten.

203

Was ist Recyclingpapier?

Man kann Papier auch aus Altpapier herstellen. Das hat viele Vorteile: Man muss keine Bäume fällen, bei der Herstellung wird weniger Wasser verbraucht und es fallen weniger giftige Abwässer an. Recyclingpapier nennt man auch Umweltpapier. Altpapier wie alte Zeitungen und Pappe wird neu eingekocht und wiederum in Papierbrei verwandelt. Der Brei wird dann wie bei der normalen Papiererzeugung aus Holz weiterverwendet. Recyclingpapier ist meistens ein wenig grau, weil man sich bemüht, möglichst wenig giftige Bleichstoffe zu verwenden.

Seit wann gibt es die „richtige" Rechtschreibung?

Die amtlichen, für die deutsche Sprache gültigen Regeln der Rechtschreibung sind eine ziemlich neue Erfindung. Sie wurden erst vor etwas mehr als 100 Jahren für die deutschsprachigen Länder festgelegt. Zuvor hatten Schreiber und Schriftsteller mehr oder weniger geschrieben, wie es ihnen passte. Ein Originalbrief von Goethe beispielsweise wimmelt von Merkwürdigkeiten, die wir heute als Rechtschreibfehler betrachten würden. Für Goethe waren das natürlich keine Fehler; für ihn gab es ja keine bindenden Regeln. Die Werke der Schriftsteller vergangener Jahrhunderte müssen für moderne Neuausgaben verändert werden; sonst würden wir

ständig über Fehler stolpern. Im Jahr 1901 wurde die moderne Rechtschreibung in ihren Grundzügen festgelegt. Beispielsweise fiel das „th" bei Wörtern wie „Thurm" und „That" weg. Seitdem heißt es „Turm" und „Tat". Nur das „th" bei Thron" musste bleiben. Der deutsche Kaiser Wilhelm 11. duldete es nicht, dass an seinem Thron (mit „th"!) etwas verändert wurde.

Auf welchem Kontinent haben alle großen Weltreligionen ihren Ursprung?

In Asien: Buddhismus und Hinduismus haben ihren Ursprung in Indien, der Taoismus in China, der Islam auf der arabischen Halbinsel und Judentum und Christentum in Kleinasien. Die ursprünglichen europäischen Religionen wurden allesamt vom Christentum verdrängt. Zu diesen untergegangenen Religionen gehören zum Beispiel die Götterwelt der Griechen, Römer, Germanen und Slawen und auch die druidische Religion der Kelten.

Weshalb haben Länder Flaggen?

Jeder Staat hat seine eigene Flagge als Staatssymbol. Flaggen gibt es erst seit 300 Jahren. Sie entstanden, als die seefahrenden Mächte um die Vorherrschaft auf den Weltmeeren kämpften. Die am Schiffsheck wehende Flagge zeigte an, zu welcher Nation das betreffende Kriegs- oder Handelsschiff

gehörte. Die erste echte Nationalflagge hatten die Niederlande. Später legten sich die Landmächte ihre eigene Flagge zu.

Was sind Aborigines?

Die englischen Eroberer Australiens nannten die Ureinwohner „Aborigines", auf Deutsch „Eingeborene". Sie kümmerten sich überhaupt nicht um die Rechte dieser Ur-Australier. So wurden die Aborigines rücksichtslos verfolgt. Heute gibt es in Australien nur noch etwa 40 000 Aborigines, die meist in Reservaten leben. Insgesamt hat Australien heute 15 Millionen Einwohner. Die meisten von ihnen haben europäische Vorfahren.

Was machten die ersten weißen Einwanderer in Australien?

Heute dauert ein Flug von Europa nach Australien ungefähr 24 Stunden. Die meisten Flugzeuge machen auf halber Strecke, zum Beispiel in Singapur, eine Zwischenlandung. Die ersten Einwanderer vor 200 Jahren mussten hingegen unglaubliche Strapazen auf sich nehmen, denn die Schiffsreise dorthin dauerte ein halbes Jahr. Damals gehörte Australien zum englischen Weltreich. Die ersten weißen Siedler kamen allerdings nicht freiwillig. Sie waren Strafgefangene, die von ihren Wärtern begleitet wurden. Australien war nichts wei-

ter als ein weit abgelegenes, ausbruchsicheres Gefängnis, in das die Engländer Verbrecher verbannten. Aus dieser Strafkolonie wurde später ein Einwanderungsland.

Wovor schützten sich die Chinesen mit der Großen Mauer?

Vor den Einfällen mongolischer Heere aus Nordasien. Die Chinesische Mauer ist heute 3460 Kilometer lang. An der Mauer bauten Zwangsarbeiter und Sklaven viele Hundert Jahre lang unter unmenschlichen Bedingungen. Sie besteht aus vielen Teilstücken, die vor 1800 Jahren erstmals zur Großen Mauer verbunden wurden. Später wurde sie immer wieder verlängert und ausgebessert.

Wer war Dschingis-Khan?

Dschingis-Khan hieß ursprünglich Temudschin. Er war der Sohn eines mongolischen Fürsten. Nach dem Tod seines Vaters im Jahr 1175 trat er im Alter von dreizehn Jahren die Herrschaft über seinen Stamm an. Ihm gelang es im Lauf der Zeit, alle Mongolenstämme unter seiner Herrschaft zu vereinen; „Dschingis-Khan" war sein Ehrentitel. Das heißt „Herrscher der Ozeane". Tatsächlich raubte er mit seinen Reiterheeren ein gewaltiges Reich zusammen, das von der Ostküste Chinas bis zum Balkan reichte. Er durchbrach auch die große Chinesische Mauer und unterwarf ganz China. Nach seinem

207

Tod im Jahr 1227 zerbrach das Riesenreich aber wieder. Dschingis-Khan galt als grausamer und blutrünstiger Herrscher, der viele Menschen tötete.

Wer waren die ersten Europäer in Amerika?

Schon ein halbes Jahrtausend vor Christoph Kolumbus betraten erstmals Weiße den amerikanischen Kontinent. Der abenteuerlustige Wikingerhäuptling Leif Erikson segelte im Jahr 1002 über den Atlantischen Ozean und landete in Amerika. Die Wikinger erkundeten das Land längs der amerikanischen Ostküste, fuhren dann aber wieder in ihre skandinavische Heimat zurück. Nordische Sagen berichten von dieser Weltreise. Niemand nahm sie ernst, bis im Jahr 1963 tatsächlich Reste einer Wikingersiedlung im Norden Neufundlands entdeckt wurden. Seitdem gilt Christoph Kolumbus nicht mehr als der Entdecker Amerikas.

Warum nennt man die Indianer auch Rothäute?

Indianer haben keine rote oder rötliche Hautfarbe, sondern eine hellbraune Haut. Sie sind eng mit den ostasiatischen Völkern verwandt. Die Bezeichnung „Rothaut" kommt davon, dass sich die Ureinwohner Nordamerikas bei festlichen Gelegenheiten und bei den Verhandlungen mit den Weißen mit roter Farbe bemalt hatten. Die Weißen taten das nicht – sie blieben „Bleichgesichter".

208

Was ist der Unterschied zwischen einem Tipi und einem Wigwam?

Wigwams sind die kuppelförmigen Rundhütten der nordamerikanischen Waldindianer, die in festen Behausungen lebten. Die Hütten bestanden aus zusammengebogenen Holzstangen, die mit Rinden, Fellen und Matten bedeckt waren. Die Prärieindianer dagegen lebten nicht in festen Dörfern, sondern zogen den Bisons nach. Ihre Zelte nennt man Tipis. Sie bestanden aus Stangen, über die Büffelhäute gespannt wurden. Tipis konnten so rasch wieder abgebaut und auf den Wanderungen mitgenommen werden.

Was haben Indios, Indianer und Inder gemeinsam?

Die Bezeichnung „Indianer" oder „Indio" für die amerikanische Urbevölkerung ist die Folge eines Irrtums des Entdeckers Christoph Kolumbus. Er glaubte, in Indien gelandet zu sein, und nannte die Menschen, denen er begegnete, einfach Inder. Das spanische Wort für Inder ist Indio. So nennt man heute noch die Ureinwohner von Süd- und Mittelamerika, wo Spanisch oder Portugiesisch gesprochen wird „Indios". Im englischsprachigen Nordamerika hießen sie „Indians", auf Deutsch Indianer. Die „Inder" sind die Einwohner Indiens. Mit Indianern und Indios haben sie außer ihrem Namen nichts gemeinsam.

Hatten die Indianer immer schon Pferde?

In Amerika gab es vor Ankunft der Weißen keine Pferde. Die Indianer lernten sie erst von den Weißen kennen. In kurzer Zeit stellten manche Indianervölker ihre gesamte Lebensweise um. Die Komantschen wurden von einem Volk wandernder Jäger zu einem Reitervolk. Als einzige Haustiere hatten die nordamerikanischen Indianer Hunde. Man verwendete sie als Nutztiere, zum Beispiel zum Ziehen von Schlitten.

Warum wurden die Bisons fast ausgerottet?

Die Bisons waren nordamerikanische Wildrinder, die vor Ankunft der weißen Siedler in Millionenzahl auf den Prärien grasten. Die Regierung der Vereinigten Staaten setzte alles daran, die Bisons auszurotten. In kurzer Zeit wurden im vorigen Jahrhundert 60 Millionen Bisons von Berufsjägern abgeschossen. Die offizielle Begründung für diese Aktion war, dass die Tiere die Telegraphenmasten beschädigten. In Wirklichkeit wollte man den Indianern das Bisonfleisch – und damit ihre Lebensgrundlage – nehmen.

Woher kommt der Name Amerika?

Der italienische Entdeckungsreisende Amerigo Vespucci erforschte vor etwa 500 Jahren die südamerikanische Küste.

Anders als Christoph Kolumbus wusste Vespucci, dass es sich hier um einen neuen Kontinent handelte. Der deutsche Geograph Matthias Ringmann hielt daher Vespucci und nicht Kolumbus für den wahren Entdecker Amerikas. Er sorgte dafür, dass der neue Erdteil in die Landkarten unter dem Namen America eingetragen wurde. Und dabei ist es dann auch geblieben.

Wie regierten die „absoluten Herrscher"?

Bis zur Französischen Revolution im Jahr 1789 waren die meisten europäischen Herrscher überzeugt, dass sie ihre Macht direkt von Gott bekommen hätten. Die Kaiser, Könige und Fürsten hielten sich für Herrscher „von Gottes Gnaden". Deshalb fühlten sie sich berechtigt, mit den Untertanen umzugehen, wie sie wollten. Der Gedanke, dass auch das Volk mitbestimmen könnte, war den absoluten Herrschern fremd. Mit der Französischen Revolution und mit der Gründung der Vereinigten Staaten von Amerika vor etwa 200 Jahren entstanden erstmals Staaten, in denen Adelige keine Vorrechte hatten.

Was ist eine Verfassung?

In der Politik hat das Wort Verfassung eine andere Bedeutung als im Alltag. Die Verfassung eines Staates ist eine Sammlung von Grundregeln, die festlegen, wie die Bürger

zusammenleben sollen und welche Rolle der Staat dabei spielt. Die Verfassung der Bundesrepublik Deutschland heißt Grundgesetz. Darin enthalten ist beispielsweise, dass die Regierung nach demokratischen Grundsätzen vom Volk gewählt werden muss und dass jeder Bürger Rechte hat, die ihm vom Staat nicht genommen werden dürfen. Zu diesen Grundrechten zählt auch das Recht, seine Meinung frei sagen zu dürfen. Alle Gesetze, die das Parlament erlässt, und alle Maßnahmen der Regierung müssen zum Grundgesetz passen. Wer sich in seinen Grundrechten eingeschränkt fühlt, kann sich mit einer Beschwerde oder einer Klage an das Verfassungsgericht wenden.

Gut zu wissen!

Woher kommt der Asphalt?

Die meisten Straßen haben eine Oberfläche aus Asphalt. Dieses Baumaterial wird aus Erdöl gewonnen und so behandelt, dass es bei Hitze zähflüssig wird und bei Kälte erstarrt. Heißen Asphalt kann man auf dem Straßenuntergrund auftragen. Später bildet er einen harten, glatten Straßenbelag. Naturasphalt tritt in manchen Weltgegenden auf die Erdoberfläche aus und sammelt sich in zähflüssigen Asphaltseen. Dieses „Erdpech" ist im Nahen Osten seit alter Zeit bekannt und wird sogar in der Bibel erwähnt. Angeblich hat Noah die Fugen seiner Arche mit Asphalt abgedichtet.

Warum sollte man Kochtöpfe beim Kochen zudecken?

Das spart Energie. Der Deckel hält Wärme zurück und erhöht den Luftdruck im Topf. Das Wasser wird heißer, bevor es verdampft, und das Kochgut schneller gar. Wenn man ohne Deckel kocht, verbraucht man viermal so viel Energie wie beim Kochen mit Deckel.

Kann man einen Heißluftballon hören?

Der Brenner im Heißluftballon macht ein lautes, fauchendes Geräusch. Man kann es schon aus weiter Ferne hören. Das plötzliche Auftauchen – und Losfauchen – eines Heißluftbal-

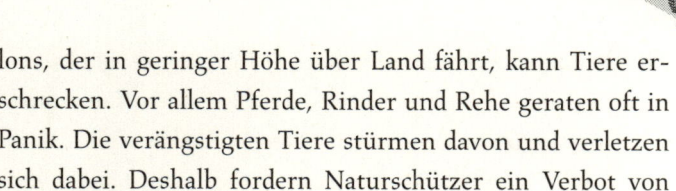

lons, der in geringer Höhe über Land fährt, kann Tiere erschrecken. Vor allem Pferde, Rinder und Rehe geraten oft in Panik. Die verängstigten Tiere stürmen davon und verletzen sich dabei. Deshalb fordern Naturschützer ein Verbot von Heißluftballons mit lauten Brennern.

Kann man mit einem Glasauge sehen?

Menschen, die durch einen Unfall oder durch eine Krankheit ein Auge verloren haben, haben oft ein Glasauge statt des richtigen Auges. Das Glasauge ist eine Glaskugel, die wie ein Auge gestaltet und genauso gefärbt ist wie das andere Auge. Es wird in die leere Augenhöhle eingesetzt und sieht ziemlich echt aus. Aber natürlich kann man mit dem Glasauge nichts sehen.

Warum krümelt ein tiefgefrorener Kaugummi?

Ob ein bestimmter Stoff spröde oder elastisch ist, hängt auch von seiner Temperatur ab. Wasser beispielsweise kommt in verschiedenen Zustandsformen vor. Bei Temperaturen unterhalb von null Grad Celsius verwandelt es sich in sprödes, starres, zerbrechliches Eis. Auch Dinge, die viel Wasser enthalten, werden in gefrorenem Zustand starr. Deshalb kann man einen angeklebten Kaugummi sehr einfach aus einem 215 Kleidungsstück, zum Beispiel aus einem Pullover, lösen. Man braucht den Pullover bloß in der Tiefkühltruhe einzufrieren.

Bei Minusgraden erstarrt die im Kaugummi enthaltene Feuchtigkeit zu Eis. Er krümelt und die eisigen Kaugummikrümel kann man einfach ausbürsten.

Woher hat das Murmeltier seinen Namen?

Murmeltiere sind große Nagetiere, die in den Alpen und anderen europäischen Gebirgen in Höhen oberhalb von 1 500 Meter leben. Den Winter verbringen die Tiere im Winterschlaf in Wohnhöhlen, die sie mit Gras auspolstern. Murmeltiere sind mit den Hörnchen verwandt. Das Wort Murmeltier kommt ursprünglich vom lateinischen „mus montis" – Bergmaus. Murmeltiere murmeln nicht. Wenn sie Laute ausstoßen, dann grelle Pfiffe. Damit warnen sie ihre Artgenossen vor Gefahr.

Wer hat das Stricken erfunden?

Das Stricken mit Stricknadeln wurde erst im späten Mittelalter erfunden, und zwar von den Frauen schottischer Fischer. Sie verstrickten Garne aus Schafwolle zu Pullovern und Mützen. Das tat den Fischern an der rauen Nordsee gut und vertrieb den Frauen wohl auch die Wartezeit. Die Strickkunst verbreitete sich nur langsam. In Spanien bildeten die Stricker lange Zeit eine eigene Zunft von Handwerkern. Stricken galt als Kunst und daher als Männersache. Man strickte vor allem Strumpfhosen, die von den Herren am Königshof unter den

kurzen Hosen getragen wurden. Vor 400 Jahren wurde die erste Strickmaschine erfunden.

Was war der Unterschied zwischen Piraten und Freibeutern?

Freibeuter waren Seeräuber, die im Dienste einer Regierung standen und nur einen Teil der Beute behalten durften. Piraten wirtschafteten ausschließlich in die eigene Tasche und galten als gewöhnliche Kriminelle.

Was ist Myrrhe?

Die Bibel erzählt von drei Magiern, die dem Jesuskind Gold, Weihrauch und Myrrhe an die Krippe brachten. Myrrhe ist ein Grundstoff für orientalische Parfüms. Man schickt Ziegen zum Grasen in die Myrrhebüsche; die Harzkügelchen bleiben im Ziegenbart hängen.

Woher stammt die Baumwolle?

Baumwolle wird aus dem Samen von Baumwollsträuchern gewonnen, die in heißen Ländern wie in Indien, Ägypten oder im Süden der USA wachsen. Die reifen Samenkapseln sind von schneeweißen Haaren bedeckt. Sie werden gepflückt, von den Samenkernen befreit und gereinigt. Dann wird der Filz aus den Baumwollsamenhaaren in Stränge

gekämmt; die Stränge werden zu langen Fäden gedreht. Aus dem Baumwollgarn kann man Teppiche und Stoffe weben oder Pullover stricken.

Wie wird Seide gewonnen?

Seidenstoff besteht aus den hauchdünnen Fäden, mit denen sich die Raupe des Seidenspinners, eines Schmetterlings, einhüllt. Seide ist also ein Tierhaar. Bevor sich die Raupe in einen Schmetterling verwandelt, verpuppt sie sich. Sie spinnt sich in eine Hülle ein. Diese Hülle nennt man den Kokon. Bei der Gewinnung von Seide werden die Schmetterlingspuppen getötet. Nun wickelt man den fast einen Kilometer langen Seidenfaden von der Hülle ab. Mehrere Fäden werden zu Seidengarn zusammengedreht. Daraus webt man schließlich den Seidenstoff.

Woher hat das Morgenland seinen Namen?

Morgenland ist die Bezeichnung für die Länder Asiens und Nordafrikas. Der Gegensatz dazu ist das Abendland. Damit ist der westliche Teil Europas gemeint. Diese Einteilung stammt von den alten Römern, die ihre Hauptstadt für den Mittelpunkt der Welt hielten. Jene Gebiete, in denen, von Rom aus gesehen, die Sonne aufging, nannten sie den Orient, das Land der aufgehenden Sonne. Die deutsche Bezeichnung Morgenland meint das Land, über dem am Morgen die

Sonne steht – also den Osten. Abendland ist der Westen; hier steht die Sonne am Abend.

Warum ist der Schiefe Turm von Pisa so schief?

Der berühmte Schiefe Turm in der italienischen Stadt Pisa sollte eigentlich gerade sein wie jeder andere Turm. Doch die Baumeister machten damals einen riesigen Fehler. Sie setzten den 55 Meter hohen Glockenturm auf weiche Erde, anstatt tiefe und starke Fundamente zu graben. Der Untergrund gab nach und der Turm begann sich schon während der Bauarbeiten im Jahr 1173 zu neigen. Heute neigt er sich etwa fünf Meter weit – und das ist gefährlich. Touristen dürfen ihn nicht mehr besteigen.

Warum haben Goldmünzen einen gerillten Rand?

Gold ist eines der wertvollsten Metalle. Es ist weich und lässt sich dünn auswalzen. Es rostet nicht und wird auch von scharfen Säuren nicht angegriffen. In reiner Form können Goldkörner aus Flusssand ausgewaschen werden. Zusammen mit Kupfer zählt Gold zu den ältesten Metallen, die von Menschen bearbeitet wurden. Seit jeher verwendet man Gold zur Herstellung von Schmuck, edlen Geräten und Geldstücken. Bei Goldmünzen entspricht der Wert des in der Münze enthaltenen Goldes ungefähr dem Nennwert der Münze. Bei

gewöhnlichen Münzen aus anderen Metallen ist das anders. Ein Fünfmarkstück ist mehr wert als das Metall, aus dem es besteht. Deshalb haben Goldmünzen Rillen an den Rändern. So kann man sofort erkennen, ob jemand etwas Gold vom Münzrand abgefeilt hat, bevor er die Münze weitergibt.

Wie viel wiegt ein Karat?

Der Same des Johannisbrotbaums wiegt exakt ein Karat. So heißen die Samen dieses Baumes, die alle genau das gleiche Gewicht haben. Früher verwendete man sie als Gewicht auf Waagen, mit denen man Gold und Edelsteine abwog. Auch heute gibt man das Gewicht von Edelmetallen und Edelsteinen in Karat an. Die Maßeinheit metrisches Karat entspricht 0,2 Gramm.

Warum ist die Rückseite einer Spielkarte gemustert?

Die Rückseiten der Karten eines Kartenspiels sind meistens nicht einfarbig, sondern sie haben ein einheitliches, oft recht kompliziertes Muster. Es macht Schwindlern das Leben schwer. Das Muster tarnt Unregelmäßigkeiten im Papier. Kleine Fehler fallen nicht auf, sondern gehen im Muster unter. Die Mitspieler können den Wert einer Spielkarte, von der sie nur den Rücken sehen, nur erraten, aber nicht erkennen. Bei einfarbigen Rückseiten würden Flecken sofort auffallen

und Schwindler könnten sich merken, wie bestimmte Karten von hinten aussehen.

Warum müssen Briefmarken gestempelt werden?

Briefmarken funktionieren ähnlich wie Eintrittskarten. Auf einen Brief geklebt, sorgen sie dafür, dass der Brief von der Post zum Empfänger befördert wird. Mit dem Stempel wird die Marke entwertet – so wie eine Eintrittskarte abgerissen wird. Die Marke kann nun nicht noch einmal verwendet werden. Außerdem zeigt der Poststempel das Datum, an dem der Brief beim Postamt abgegeben wurde. Aus diesem Grund gibt es auch keine schwarzen Briefmarken. Der Stempel wäre darauf nicht sichtbar und der Empfänger könnte die Briefmarke ablösen und weiterverwenden.

Wie wurden Briefsendungen vor der Erfindung der Briefmarke bezahlt?

Einen mehr oder weniger verlässlichen und regelmäßigen Postdienst gibt es in Europa seit etwa 500 Jahren. Briefe und Pakete wurden von Kurieren zu Pferd und später auch von Postkutschen befördert. Das Wort Post kommt vom lateinischen Wort Posita = Standort. Gemeint war der Standort zum Pferdewechsel. Vor 200 Jahren gab es schon ein europaweites Postnetz. Damals gab es noch keine Briefmarken. Der Empfänger eines Briefs musste den Postboten bezahlen.

(Diese Zahlungsweise gibt es heute noch bei Paketen. Sie können „unfrei" verschickt werden und der Empfänger bekommt das Paket erst, wenn er das Porto bezahlt hat.) Die erste Briefmarke, die vom Absender gekauft werden musste, wurde 1840 in England ausgegeben. Neun Jahre später wurden auch in Bayern Briefmarken eingeführt. In der Fachsprache der Post heißen Briefmarken „Postwertzeichen".

Warum gibt es in Burgen und Wehrtürmen Wendeltreppen?

Die mittelalterlichen Burgen waren Befestigungsanlagen. Man baute sie so, dass sie von Feinden nur unter hohen Verlusten erstürmt werden konnten. Auch die Wendeltreppen in alten Burgen und Wehrtürmen hatten militärischen Sinn. Sie sind meist eng und winden sich immer im Uhrzeigersinn hoch. Das hatte den Vorteil, dass hochstürmende Feinde den Pfeiler der Wendeltreppe zur Rechten hatten. Da auch die meisten Ritter Rechtshänder waren, konnten sie mit der Schwerthand also nicht ausholen. Umgekehrt hatten die Verteidiger den Pfeiler links und konnten mit der rechten Schwerthand ungehindert zuschlagen.

Woran leiden Legastheniker?

Manche Menschen haben große Probleme, richtig zu lesen und zu schreiben. Ihre Lese-Rechtschreib-Schwäche nennt

man Legasthenie. Meistens verwechseln Legastheniker Buchstaben, manchmal aber auch ganze Wortteile. Mit Intelligenz hat das alles nichts zu tun. Beispielsweise konnte der dänische Märchendichter Hans Christian Andersen sein Leben lang nicht richtig schreiben. Seine Legasthenie hinderte ihn aber nicht daran, ein berühmter Schriftsteller zu werden. Die Fehler wurden von seinen Verlegern korrigiert.

Weshalb brennen Brennnesseln?

Brennnesseln sind Kräuter mit winzigen, hohlen Brennhaaren, die auf den Blättern und Stängeln sitzen. Wenn man sie berührt, brechen die Köpfchen der Brennhaare ab. Die Spitze des Brennhaares funktioniert wie eine winzige, scharfe Giftspritze. Sie ritzt die Haut an. Gleichzeitig fließt durch die Röhre ein giftiger Saft, der sich auf der Haut verteilt. Das fühlt sich so an, als hätte man sich verbrannt – daher der Name Brennnessel. Die Haut rötet sich und es können kleine Bläschen entstehen, die man Quaddeln nennt. Dagegen kann man nicht viel tun. Vor allem sollte man sich nicht kratzen. Oft hilft es, die brennende Hautstelle mit kaltem Wasser zu kühlen.

Wieso können Hunde bellen?

Merkwürdigerweise sind die Haushunde die Einzigen aus der Sippschaft der hundeartigen Raubtiere, die richtig bellen

können. Wölfe, Schakale, Füchse, Hyänen und die anderen Verwandten der Hunde können das nicht. Vermutlich wurde die Fähigkeit, bellende Laute auszustoßen, im Laufe von Tausenden Jahren herausgezüchtet. Bellende Hunde waren nützlicher als jaulende oder heulende Tiere. Gebell warnte die Dörfer, sobald sich Fremde näherten, mit Gebell trieben die Hunde das Vieh zusammen und zeigten Jägern den Standort des Wildes an. Es gibt nur eine einzige Hunderasse, die nicht bellt. Das sind Hunde aus der Rasse der Basenji. Diese glatthaarigen Hunde stammen ursprünglich aus dem Kongo. Wenn sie Laut geben, klingt das wie ein Mittelding zwischen Winseln und Jodeln.